重庆市交通行业推荐性标准

高速公路养护工程质量检验评定标准

Quality Inspection and Evaluation Standards for Expressway Maintenance Engineering

CQJTG/T A02—2017

主编单位：重庆市交通委员会工程质量安全监督局
批准部门：重庆市交通委员会
实施日期：2017 年 12 月 01 日

人民交通出版社股份有限公司

图书在版编目(CIP)数据

高速公路养护工程质量检验评定标准 / 重庆市交通委员会工程质量安全监督局主编. — 北京 : 人民交通出版社股份有限公司, 2018.3

ISBN 978-7-114-14539-1

Ⅰ. ①高… Ⅱ. ①重… Ⅲ. ①高速公路—公路养护—工程质量—质量检验—标准 Ⅳ. ①U418-65

中国版本图书馆 CIP 数据核字(2018)第 021378 号

书　　名: 高速公路养护工程质量检验评定标准
著 作 者: 重庆市交通委员会工程质量安全监督局
责任编辑: 卢俊丽
出版发行: 人民交通出版社股份有限公司
地　　址: (100011)北京市朝阳区安定门外外馆斜街 3 号
网　　址: http://www.ccpress.com.cn
销售电话: (010) 59757973
总 经 销: 人民交通出版社股份有限公司发行部
经　　销: 各地新华书店
印　　刷: 北京鑫正大印刷有限公司
开　　本: 880 × 1230　1/16
印　　张: 7.25
字　　数: 149 千
版　　次: 2018 年 3 月　第 1 版
印　　次: 2018 年 3 月　第 1 次印刷
书　　号: ISBN 978-7-114-14539-1
定　　价: 52.00 元

重庆市交通委员会文件

渝交委科〔2017〕62 号

重庆市交通委员会关于
印发《高速公路养护工程质量检验评定标准》
（CQJTG/T A02—2017）的通知

各区县（自治县）交通局（委），委属及各相关单位：

按照交通运输部《公路工程行业标准制修订管理导则》（JTG A02—2013）和《公路工程标准编写导则》（JTG A04—2013）对公路工程行业地方标准管理和编制、修订的相关规定，重庆市交通委员会2014年立项，由重庆市交通委员会工程质量安全监督局主编，重庆交通大学、重庆通力高速公路养护工程有限公司、重庆市公路工程质量检测中心、重庆桥都桥梁技术有限公司参编的《高速公路养护工程质量检验评定标准》，已完成各项编制任务并通过我委组织的专家审查，现批准该规范为我市交通行业推荐性标准，编号为CQJTG/T A02—2017，自2017年12月1日起实施。

各单位在执行期间，如有问题和建议，请函告本标准日常管理组，联系人：

李铁军（地址：重庆市南岸区南兴路58号，邮编：400060；电话：023-62806030，传真：023-62806011；电子邮箱：cq62806030@163.com），以便修订时参考。

特此通知。

重庆市交通委员会

2017年10月27日

重庆市交通委员会办公室　　2017年10月27日印发

前　言

随着重庆市布局合理、功能完善的公路网的初步形成，公路发展重点逐步向养护管理转移，公路养护尤其是高速公路养护任务日趋繁重。为规范和指导高速公路养护实践，促进高速公路养护工程质量管理的科学化、标准化，保证公路养护工程质量，根据《重庆市交通委员会关于〈渝广梁忠高速公路华蓥隧道检测技术研究〉及〈重庆高速公路运营管理标准〉等项目立项的通知》（渝交委科〔2014〕25 号）的要求，由重庆市交通委员会工程质量安全监督局牵头承担《高速公路养护工程质量检验评定标准》（以下简称本标准）的制定工作。

本标准以控制高速公路养护工程质量和安全生产为主要目的，结合重庆高温、多雨、山区的气候地理特点，总结借鉴国内其他省（区、市）相关标准和编制组研究成果，经广泛征求意见后编写而成。

本标准包括 7 章和 9 个附录：总则、术语与符号、养护工程质量评定、路面养护工程、桥梁养护工程、隧道养护工程、交通安全设施养护工程和附录 A ~ 附录 I。

请各有关单位在执行过程中，将发现的问题和意见，函告本标准日常管理组，联系人：李铁军（地址：重庆市南岸区南兴路 58 号，邮编：400060；电话：023-62806030，传真：023-62806011；电子邮箱：cq62806030@163.com），以便修订时参考。

主 编 单 位：重庆市交通委员会工程质量安全监督局

参 编 单 位：重庆交通大学
重庆通力高速公路养护工程有限公司
重庆市公路工程质量检测中心
重庆桥都桥梁技术有限公司

主要起草人员：郭成川　黄维蓉　沈小俊　段　羽　陈伯奎　田世清　张明强
李太平　熊出华　石庆凡　张永祥　陈虎森　田　松　谢应爽
王俊新　陈　强　何　静　杨孝昆　李铁军　黄德明　李建军
王志美　李　明　文　力　陈　伟　何　兵　朱建勇　林　强
刘晓霞　高　飞　冉龙飞　王德洋　刘俊强　张广山　毛江南
胡　浩　谭大龙

主 审 人 员：周进川　李关寿　郝　祎　蒙　华　赵　可　吴志辉　曾德云

目　次

1　总则

1.0.1　为加强对高速公路养护工程质量的管理，统一高速公路养护工程质量检验评定标准，保证养护工程质量，制定本标准。

1.0.2　本标准适用于重庆高速公路养护工程（不包括日常养护）中土建工程部分的质量检验评定。

1.0.3　对特殊环境下的公路养护工程项目，或采用新材料、新结构、新工艺、新设备的养护工程，以及本标准中未作相应技术规定的，在确保工程质量的前提下，可参照相关标准或按照实际情况制定相应的技术标准，并按规定报主管部门批准后执行。

1.0.4　重庆高速公路养护工程质量检验评定应符合本标准规定。本标准未涉及的，应符合国家、行业颁布的现行技术标准、规范的有关规定。

2 术语与符号

2.1 术语

2.1.1 局部挖（修）补 local patching

为修复路面局部病害而采用的开挖或修补面积小于 15m^2 的养护工程作业，各挖（修）补块之间不连续。

2.1.2 顶升 lifting

使用顶升设备将梁体整体抬高。

2.1.3 雾封层 fog seal

在沥青面层上喷洒一层薄的、高渗透性的沥青，以形成一层严密的防水层，封闭路面微小裂缝，具有隔水、防渗、保护路面的功能。

2.1.4 还原剂封层 reducing agent seal

将专门研制的还原剂或再生剂通过相应的设备喷洒在已经老化的沥青路面上，更新和还原表面已老化的沥青，使其维持原有性能，可封闭路面微小裂缝，具有隔水、防渗功能。

2.1.5 超薄磨耗层 ultra-thin friction course

采用专用机械将间断级配热拌沥青混合料直接铺筑在喷洒的改性沥青黏结层上，厚度一般为 15 ~ 25mm，是可快速开放交通的薄层沥青路面结构。

2.2 符号

序号	意　义	符　号	单　位
1	国际平整度指数	IRI	m/km
2	标准差	σ	mm
3	最大间隙	h	mm
4	横向力系数	SFC	—
5	摩擦系数	BPN	—
6	构造深度	TD	mm

3 养护工程质量评定

3.1 一般规定

3.1.1 根据养护任务、施工管理和质量检验评定的需要，在施工准备阶段，应由施工单位按本标准附录 A 将养护项目（合同段）划分为单位工程、分部工程和分项工程，并报监理机构审批。施工、监理和项目管理单位应按相同的工程项目划分进行工程质量监控和检验评定。

3.1.2 养护工程质量检验评定均应在施工单位自检合格的基础上进行。

（1）施工现场应具有健全的质量管理体系、相应的施工技术标准（细则）、施工质量检验制度和综合施工质量水平评定考核制度。

（2）施工过程中，施工单位应按照设计文件和施工技术规范等要求进行施工，加强过程控制和动态质量管理。

（3）分项养护工程完工后，施工单位应按本标准所列基本要求、实测项目和外观质量进行自检。

（4）隐蔽工程在隐蔽前应由施工单位通知监理单位或项目管理单位进行检验评定，合格后方可继续施工。

3.1.3 分项工程由监理单位组织施工单位项目专业技术负责人进行检验评定。

3.1.4 监理单位应按规定要求对工程质量进行独立抽检，对分部工程和单位工程质量进行评定。

3.1.5 项目管理单位根据对工程质量的检查及平时掌握的情况，对监理单位所做的工程质量评定结果进行审定。

3.1.6 质量检验检测单位、质量监督部门可依据本标准对养护工程质量进行检验。

3.1.7 养护工程质量评定等级分为合格与不合格，应按分项工程、分部工程、单位工程、合同段和养护工程项目逐级进行检验评定。

3.2 养护工程质量检验与评定

3.2.1 分项养护工程质量只有在所使用的原材料、半成品、成品及施工工艺等符合基本要求的规定，且无严重外观缺陷，质量保证资料真实并基本齐全时，按基本要求、实测项目、外观质量和质量保证资料分别检查与评定。

3.2.2 施工单位外购的原材料、半成品和成品进场后应进行抽查复验，检验结果应向监理或项目管理单位报备或报验。

3.2.3 实测项目检验与合格率计算

对规定的实测项目应按照随机抽样方法（另行规定的除外）、检查方法和规定的频率进行检测，计算合格率。

（1）应采用本标准规定的检查方法进行实测项目检验。当采用其他检查方法进行检验时，应确认其可靠性，并通过相关性试验确定换算关系。当检验结果有差异时，以本标准规定的检查方法得到的检验结果为准。

（2）本标准规定的实测项目检测频率应符合下列规定：

①以长度为评定单位的检测频率为双车道公路每一检查段内的最低检测（查）频率，单车道或多车道公路应按车道数与双车道比较，相应减少或增加检测（查）点数。

②非以长度为评定单位的检测频率或按平方米、立方米、工作班设定的检查频率，按本标准规定的检测频率进行检验。

③检查项目合格率按下式进行计算：

$$\text{检查项目合格率}(\%)=\frac{\text{合格的点(组)数}}{\text{该检查项目的全部检查点(组)数}}\times 100$$

3.2.4 检查项目质量评定应符合下列规定：

（1）涉及结构安全和使用功能等重要实测项目的关键项目（在本标准中以“△”标识）的合格率不得低于95%（属于工厂加工制造的桥梁金属构件为100%），且检测值不得超过规定极值，否则该检查项目为不合格。

（2）一般项目的合格率不得低于80%，且检测值的偏差不得超过允许偏差的2倍，否则该检查项目为不合格。

（3）有规定极值的检查项目，任一单个检测值都不得突破规定极值，否则该检查项目为不合格。

（4）采用附录B～附录I所列数理统计方法进行评定的检查项目，不符合要求时，该检查项目为不合格。

（5）监理单位按现行《公路工程施工监理规范》（JTG G10）中规定的频率进行抽检，当对检查项目评定结果与施工单位自检评定结果不一致时，监理单位应增加一倍的检测频率后进行质量评定；当抽检频率达到施工单位的检测频率时，应以监理单位的检测结果为准进行评定。

3.2.5 外观质量

对养护工程外观状况应逐项进行全面检查，对于较严重的外观缺陷，施工单位应采取措施进行整修处理。

3.2.6 质量保证资料

施工单位应有完整的施工原始记录、试验数据、分项养护工程自查数据等质量保证资料，并进行整理分析，负责提交齐全、真实和系统的施工资料和图表。工程监理单位负责提交齐全、真实和系统的监理资料。质量保证资料应包括以下方面：

（1）所用原材料、半成品和成品质量检验结果。

（2）材料配比、拌和加工控制检验和试验数据。

（3）地基处理、隐蔽工程施工记录和桥梁、隧道施工监控资料。

（4）各项质量控制指标的试验记录和质量检验汇总图表。

（5）施工过程中遇到的非正常情况记录及其对工程质量的影响分析。

（6）施工过程中如发生质量事故，经处理补救后达到设计要求的认可证明文件等。

当部分质量保证资料缺失时，应由通过资质认定的检验检测机构按有关标准进行相应的实体检验或抽样试验。

3.2.7 检验项目评为不合格的，应进行返工处理直至合格。无法处理或经检测鉴定达不到设计要求，但经原设计单位核算认可，能够满足安全和使用功能的，可予以评定。

3.3 工程质量等级评定

3.3.1 分项工程、分部工程、单位工程质量检验评定应按相关施工技术规范提交真实、完整的自检资料。

3.3.2 分项工程质量评定合格应符合下列规定：

（1）所含检查项目的质量评定结果均合格。

（2）质量保证资料齐全、完整。

（3）检验记录完整。

（4）外观质量符合要求。

3.3.3 分部工程质量评定合格应符合下列规定：

（1）所含分项工程的质量评定均合格。
（2）评定资料完整。

3.3.4 单位工程质量评定合格应符合下列规定：
（1）所含分部工程的质量评定均合格。
（2）涉及结构安全、耐久、环保和主要功能等方面的评定资料完整。

3.3.5 合同段、养护工程项目的质量评定合格应符合下列规定：
所含单位工程的质量评定均合格。

3.3.6 评定为不合格的分项工程、分部工程，经加固、补强或返工符合设计文件要求后，可以重新进行质量检验和评定。

经返工或加固处理仍不能满足安全或重要使用功能的分部工程、单位工程，不得评定。

4 路面养护工程

4.1 一般规定

4.1.1 路面养护工程实测项目规定的检查频率为双车道每一检查段内的检查频率（按平方米、立方米或工作班设定的检查频率除外），单车道或多车道的路面各结构层均应按其车道数与双车道比较，相应减少或增加检查数量。

4.1.2 路面养护工程所用原材料、混合料以及构配件等应符合设计文件要求和现行技术标准、规范的有关规定。

4.1.3 路面表层平整度规定值是指验收时应达到的平整度要求，平整度检查以自动或半自动的平整度仪为主，收费广场、互通匝道、桥头加铺、病害处理等位置的平整度可以使用3m 直尺进行检测。采用自动、半自动的平整度仪时，全线每车道连续测定按每100m 输出结果计算合格率；采用3m 直尺时，以最大间隙作为指标，按尺数计算合格率。

4.1.4 沥青路面表层渗水系数宜在路面成型后立即测定，横向力系数宜在路面通车前及时检测。

4.1.5 水泥混凝土面板上加铺沥青面层的复合式路面，两种结构均应进行检查评定。其中，水泥混凝土面板可不检测抗滑性能，沥青面层不检测弯沉。

4.1.6 对于沥青路面加铺沥青薄层罩面（封层）的工程，可不检测弯沉；对于基层连续补强面积超过1000m^2 的工程，应检测弯沉。

4.1.7 沥青路面铣刨前应对原路况进行调查；局部清除区域应成较规则的矩形，纵向线形应保持与道路中线平行且平顺、无折曲，铣刨段两端接缝部位不得有斜面。

4.1.8 铣刨清理后，不得有松散和夹层；铣刨层下原有路面裂缝须按设计文件要求进行处理。

4.1.9 碾压式混凝土和贫混凝土基层的质量检验评定，可参照水泥混凝土基层执行。

4.2 水泥混凝土面层

4.2.1 基本要求

（1）基层应经过检验，局部损坏部分应按设计要求修复；新修混凝土面层的连续面积超过 $1000m^2$ 或连续长度超过 500m 时，应进行基层弯沉测定，验算的基层整体模量应符合设计文件要求。

（2）重新浇筑的水泥混凝土使用的水泥、粗细集料、水、外掺剂及接缝填缝料的质量和规格应符合设计文件要求和现行《公路水泥混凝土路面施工技术细则》（JTG/T F30）的有关规定。

（3）重新浇筑的水泥混凝土施工配合比应根据现场测定水泥的实际强度进行计算，并经实验室试验，采用最佳配合比。

（4）重新浇筑的水泥混凝土强度等级不得低于原设计强度等级。

（5）原有拉力杆、传力杆应保持顺直、有效；重新浇筑的水泥混凝土路面的接缝位置、规格、尺寸及传力杆、拉力杆的设置应符合设计文件要求。

（6）采用机械刻槽恢复路面表面抗滑功能，其构造深度应符合设计文件要求。

（7）新修混凝土面层与原有混凝土路面及其他构造物相接应平顺，路面边缘不得积水。

（8）混凝土路面铺筑后应按现行《公路水泥混凝土路面施工技术细则》（JTG/T F30）的相关要求进行养生。

4.2.2 实测项目

见表 4.2.2。

表 4.2.2 水泥混凝土面层实测项目

项次	检查项目		规定值或允许偏差	检查方法和频率
1△	弯拉强度（MPa）		在合格标准内	按附录 C 检查
2△	板厚度（mm）	代表值	-5	按附录 H 检查，每 $1000m^2$ 测 2 处
		合格值	-10	
3	平整度[a]	IRI（m/km）	≤2.0	平整度仪：全线每车道连续检测，每 100m 计算 IRI 或 σ
		σ（mm）	≤1.2	
		h（mm）	≤5	3m 直尺：单向每 100m 施工长度测 1 处 ×10 尺
4	抗滑构造深度（mm）		一般路段：0.7～1.1	铺砂法：每 200m 测 1 处，变速段及弯道段每 100m 测 2 处
			特殊路段：0.8～1.2	
5	相邻板高差（mm）	新板	≤2	尺量：每条胀缝测 2 处；每 100m 施工长度抽检纵、横缝各 1 条，每条测 2 处
		旧板	≤3	

续表 4.2.2

项次	检 查 项 目		规定值或允许偏差	检查方法和频率
6	纵、横缝顺直度（mm）		≤10	纵缝 20m 拉线、横缝沿板宽拉线：每 100m 各测 2 条
7	路面宽度（mm）		±20	尺量：每 100m 测 2 处
8	纵断高程[b]（mm）		±10	水准仪：每 100m 测 2 个断面
9	横坡（%）	新板	±0.2	水准仪或水平尺、钢直尺：每 100m 测 2 个断面
		旧板	±0.3	

注：a 连续施工长度小于 1km 的，平整度可采用最大间隙；其他情况下优先采用 IRI。
b 不采用高程控制施工时不做要求。

4.2.3 外观质量

（1）混凝土板不应出现断板，表面不应出现严重脱皮、印痕、裂纹和缺边掉角等现象。

（2）接缝填筑应饱满密实，不应污染路面，胀缝不应有明显缺陷。

4.3 沥青混凝土面层

4.3.1 基本要求

（1）下承层表面应平整、干燥、洁净、无浮土，局部损坏应按设计要求修复，其平整度、路拱度和强度应符合设计文件要求。

（2）沥青、矿料等原材料质量和矿料级配应符合设计文件要求和现行《公路沥青路面施工技术规范》（JTG F40）的有关规定。

（3）采用厂拌热再生沥青混合料时，应符合现行《公路沥青路面再生技术规范》（JTG/T F41）的有关规定，在混合料配合比设计和现场施工阶段还应分别取样进行动稳定度和水稳定性试验。

（4）应严格控制沥青混合料用原材料的加热温度和混合料的拌和温度。

（5）拌和后的沥青混合料应均匀一致，无花白，无粗细料分离和结团成块现象。

（6）应严格控制摊铺厚度，避免离析，控制摊铺和碾压温度，碾压至要求的密实度。

（7）与原路面及结构物的衔接处应平顺过渡，不得有“跳车”。

（8）罩面工程采用冷接缝时，应保证接缝处密实，接缝处松散沥青混合料宜采用铣刨方法处理。

（9）沥青面层新施工不超过两层时，各结构层厚度应按平均值和单点合格值进行评定，沥青面层总厚度单点合格值设定允许偏差，上面层厚度平均值和单点合格值设定允许偏差，按单个检查值的偏差不超过单点合格值的测点数计算合格率；沥青面层新施工超过两层时，总厚度和上面层厚度应按代表值和单点合格值进行评定。

4.3.2 实测项目

见表 4.3.2。

表 4.3.2　沥青混凝土面层实测项目

<table>
<tr><th>项次</th><th colspan="2">检 查 项 目</th><th colspan="2">规定值或允许偏差</th><th>检查方法和频率</th></tr>
<tr><td>1△</td><td colspan="2">压实度[a]（%）</td><td colspan="2">≥试验室标准密度的96%（*98%）；
≥最大理论密度的92%（*94%）；
≥试验段密度的98%（*99.5%）</td><td>按附录 B 检查，罩面每 200m 测 1 处，挖补累计 500m^2 测 1 处</td></tr>
<tr><td rowspan="4">2</td><td rowspan="4">平整度</td><td>路面施工层数</td><td>单层</td><td>多层</td><td rowspan="3">平整度仪：全程每车道连续检测，按每 100m 施工段计算 σ 或 IRI</td></tr>
<tr><td>σ（mm）</td><td>≤1.3</td><td>≤1.2</td></tr>
<tr><td>IRI（m/km）</td><td>≤2.2</td><td>≤2.0</td></tr>
<tr><td>h[b]（mm）</td><td colspan="2">≤3.0
（5.0）</td><td>3m 直尺：单向每 100m 测 1 处×10 尺</td></tr>
<tr><td>3</td><td colspan="2">弯沉值[c]（0.01mm）</td><td colspan="2">符合设计要求</td><td>按附录 I 检查</td></tr>
<tr><td rowspan="2">4</td><td rowspan="2">渗水系数（mL/min）</td><td>SMA 路面</td><td colspan="2">≤80</td><td rowspan="2">渗水试验仪：每 200m 测 1 处</td></tr>
<tr><td>密级配路面</td><td colspan="2">≤120</td></tr>
<tr><td rowspan="3">5</td><td rowspan="3">抗滑性能</td><td>SFC</td><td colspan="2">≥50</td><td>横向力系数车：全线每单幅代表车道连续检测，按每 100m 计算</td></tr>
<tr><td>BPN</td><td colspan="2" rowspan="2">符合设计要求</td><td>摆式仪：每 200m 测 1 处</td></tr>
<tr><td>TD（mm）</td><td>铺砂法：每 200m 测 1 处</td></tr>
<tr><td rowspan="4">6△</td><td rowspan="4">厚度[d]（mm）</td><td rowspan="2">平均值</td><td colspan="2">总厚度：不小于设计值</td><td rowspan="4">按附录 H 检查，罩面每 200m 测 1 处，挖补累计 500m^2 测 1 处</td></tr>
<tr><td colspan="2">上面层：设计值的 -5%</td></tr>
<tr><td rowspan="2">合格值</td><td colspan="2">总厚度：设计值的 -10%</td></tr>
<tr><td colspan="2">上面层：设计值的 -20%</td></tr>
<tr><td>7</td><td colspan="2">纵断高程[e]（mm）</td><td colspan="2">±15</td><td>水准仪：每 100m 测 2 个断面</td></tr>
<tr><td rowspan="2">8</td><td rowspan="2">宽度（mm）</td><td>有侧石</td><td colspan="2">±20</td><td rowspan="2">尺量：每 100m 测 2 个断面</td></tr>
<tr><td>无侧石</td><td colspan="2">不小于设计值</td></tr>
<tr><td>9</td><td colspan="2">横坡（%）</td><td colspan="2">±0.3</td><td>水准仪或水平尺：每 100m 测 2 个断面</td></tr>
<tr><td>10△</td><td colspan="2">矿料级配</td><td colspan="2">符合设计要求</td><td>按 T 0725 方法：每台拌和机每天测 1~2 次，以 2 个试样的平均值评定</td></tr>
<tr><td>11△</td><td colspan="2">沥青含量</td><td colspan="2">符合设计要求</td><td>按 T 0722 或 T 0721 方法：每台拌和机每天测 1~2次，以 2 个试样的平均值评定</td></tr>
<tr><td>12△</td><td colspan="2">马歇尔稳定度</td><td colspan="2">符合设计要求</td><td>按 T 0709 方法：每台拌和机每天测 1~2 次，以 4~6 个试件的平均值评定</td></tr>
</table>

注：a 表内压实度可选 1 个或 2 个评定标准，选用 2 个标准时，以合格率低的作为评定结果；带 * 者是 SMA 路面，其他为普通沥青混凝土路面。

b 连续施工长度小于 1km 的，平整度可采用最大间隙；其他情况下优先选用 IRI；平整度在与老路面衔接的 20m 范围内或连续施工长度小于 100m 的，按括号内的规定值控制。

c 原路面未做弯沉检测的，弯沉指标可不作要求。

d 单层罩面施工时，厚度按照上面层要求评定；新施工超过两层的沥青混凝土总厚度和上面层厚度按附录 H 的代表值和合格值评价。

e 不采用高程控制施工时不作要求。

连续铺筑长度小于 200m、宽度小于 3m 的养护工程，实测项目检查表 4.3.2 中的关键项目。

4.3.3 外观质量

（1）表面应平整、密实，不应有泛油、松散、裂缝和明显离析等现象。

（2）搭接处应紧密、平顺，烫缝不应枯焦，不符合要求的累计长度不得超过20m。

（3）面层与路缘石及其他构筑物应密贴接顺，不得有严重积水或漏水现象。

4.4 微表处和稀浆封层

4.4.1 基本要求

（1）微表处和稀浆封层施工前，原路面应保持干燥、洁净，局部损坏应按设计要求修复，其平整度、路拱度和强度应符合设计文件要求。

（2）微表处和稀浆封层所用原材料质量应符合设计文件要求和现行技术标准、规范的有关规定。

（3）微表处和稀浆封层施工过程质量检验应符合设计文件要求和现行技术标准、规范的有关规定。

4.4.2 实测项目

见表4.4.2。

表4.4.2　微表处和稀浆封层实测项目

<table>
<tr><th>项次</th><th colspan="2">检 查 项 目</th><th>规定值或允许偏差</th><th>检查方法和频率</th></tr>
<tr><td>1△</td><td colspan="2">平均厚度 H（mm）</td><td>设计值的 -10%</td><td>钢直尺或深度尺：每1000m测3点</td></tr>
<tr><td>2</td><td colspan="2">纵向接缝高差（mm）</td><td>≤6</td><td>3m直尺、塞尺：每100m测1处</td></tr>
<tr><td>3</td><td colspan="2">沥青用量（%）</td><td>设计用量 ±0.5</td><td>抽提：每个工作日检查1次</td></tr>
<tr><td rowspan="3">4</td><td rowspan="3">抗滑性能</td><td>SFC</td><td rowspan="2">符合设计要求</td><td>横向力系数车：按附录E检查，全程连续</td></tr>
<tr><td>BPN</td><td>摆式仪：每200m测1处</td></tr>
<tr><td>TD（mm）</td><td>符合设计要求</td><td>铺砂法：每200m测1处</td></tr>
<tr><td>5</td><td colspan="2">渗水系数（mL/min）</td><td>≤10</td><td>渗水试验仪：每200m测1处</td></tr>
<tr><td>6</td><td colspan="2">宽度（mm）</td><td>±50</td><td>尺量：每100m测1处</td></tr>
</table>

注：稀浆封层用于路面下封层时，实测项目为厚度和渗水系数。

4.4.3 外观质量

（1）表面应平整、密实、均匀，无花白料、轮迹、划痕、泛油、松散、脱皮等现象。

（2）横向接缝应对接平顺，纵向接缝应紧密、平整、顺直。

4.5 雾封层和还原剂封层

4.5.1 基本要求

（1）原沥青路面的整体强度应符合设计文件要求；原路面裂缝、坑槽等病害应进行彻底修复。

（2）雾封剂和还原剂质量及用量应符合设计文件要求。

（3）封层材料配方和喷洒量不应造成路面泛油。

（4）封层施工完成且干燥后方可开放交通。

4.5.2 实测项目

见表4.5.2。

表4.5.2 雾封层和还原剂封层实测项目

项次	检查项目		规定值或允许偏差	检查方法和频率
1△	抗滑性能	BPN	≥58	摆式仪：每200m测1处
		SFC	≥54	横向力系数车：按附录E检查，全程连续
		TD（mm）	≥0.55	铺砂法：每200m测1处
2△	渗水系数（mL/min）		≤10	渗水试验仪：每200m测1处
3	宽度（mm）		±30	钢卷尺：每100m测1处
4	渗透深度（mm）		≥5	钻芯法：每5000m^{2}测3处

注：当抗滑性能不满足要求时，可采用含砂雾封层提高其抗滑性能。

4.5.3 外观质量

（1）表面应均匀、颜色一致，无花白、条痕、泛油等现象，不得污染其他构造物。

（2）纵向搭接处应紧密、平整、顺直。

4.6 沥青路面超薄磨耗层

4.6.1 基本要求

（1）超薄磨耗层施工前，对原路面的处理应符合设计文件要求。

（2）沥青、矿料等原材料和混合料质量应符合设计文件要求，矿料级配与油石比应符合设计文件要求。

（3）超薄磨耗层下应设置防水黏结层，沥青应洒布均匀、计量准确。

（4）超薄磨耗层施工过程的质量控制、质量检验应符合设计文件要求。

4.6.2 实测项目

见表4.6.2。

表4.6.2 沥青路面超薄磨耗层实测项目

项次	检查项目		规定值或允许偏差	检查方法和频率
1	现场空隙率（%）		符合设计要求	钻芯法：每车道每400m测1处
2	平整度	σ（mm）	≤1.3	平整度仪：全程每车道施工段连续，按每100m施工段计算σ或IRI
		IRI（m/km）	≤2.2	

续表 4.6.2

项次	检 查 项 目		规定值或允许偏差	检查方法和频率
2	平整度	h^a（mm）	≤3.0（5.0）	3m 直尺：单向每 100m 测 1 处 × 10 尺
3	渗水系数（mL/min）		符合设计要求	渗水试验法：每 200m 测 1 处
4	抗滑性能	TD（mm）	≥1.0	铺砂法：每 200m 测 1 处
		SFC	符合设计要求	横向力系数车：按附录 E 检查，全程连续
5	厚度（mm）		±2.0	双车道每 200m 测 1 处
6	宽度（mm）		不小于设计值	尺量：每 200m 测 4 个断面
7	横坡（%）		±0.3	水准仪：每 200m 测 4 处

注：a 连续施工长度小于 1km 的，平整度可采用最大间隙；其他情况下优先选用 IRI；在与原路面衔接的 20m 范围内或当连续施工长度小于 100m 的，平整度按括号内的规定值控制。

4.6.3 外观质量

（1）表面应平整、密实，不应有泛油、松散、裂缝和明显离析等现象。

（2）搭接处应紧密、平顺，烫缝不应枯焦，不符合要求的累计长度不得超过 20m。

（3）面层与路缘石及其他构筑物应密贴接顺，不得有严重积水或漏水现象。

4.7 沥青路面就地热再生

4.7.1 基本要求

（1）原路面在就地热再生施工前应进行处理，其整体强度应符合设计文件要求。

（2）就地热再生使用的再生剂、沥青等材料质量应符合设计文件要求和现行《公路沥青路面再生技术规范》（JTG F41）的有关规定。

（3）就地热再生混合料的技术指标应符合设计文件要求和现行《公路沥青路面再生技术规范》（JTG F41）的有关规定。

（4）应合理控制原路面加热温度、混合料摊铺温度和碾压温度，碾压至要求的压实度。

（5）就地热再生施工过程质量检验应符合设计文件要求和现行《公路沥青路面再生技术规范》（JTG F41）的有关规定。

（6）再生层横坡应与整幅路面横坡相协调，不得出现反坡，不得影响路面横向排水顺畅。

4.7.2 实测项目

见表 4.7.2。

表 4.7.2　就地热再生实测项目

项次	检 查 项 目		规定值或允许偏差	检查方法和频率
1△	压实度[a]（%）		≥最大理论密度的 92%（*94%）；≥试验室标准密度的 96%（*98%）	按 T 0924 方法：每 200m 测 1 处
2	平整度	IRI（m/km）	≤2.0	按 T 0933 或 T 0934 方法：全线连续检测
		σ（mm）	≤1.2	按 T 0932 方法：全线连续检测
3	弯沉值[b]（0.01mm）		不大于设计值	按附录 I 检查
4	渗水系数（mL/min）	SMA 路面	≤120	渗水试验仪：每 200m 测 1 处
		密级配路面	≤180	
5	抗滑性能	SFC	符合设计要求	横向力系数车：全线每单幅代表车道连续检测，按每 100m 计算 SFC
		BPN		摆式仪：每 200m 测 1 处
		TD（mm）		铺砂法：每 200m 测 1 处
6△	再生层厚度 h（mm）	代表值	$-10\%h$	按附录 H 检查，双车道每 200m 测 1 处
		合格值	$-20\%h$	
7	纵横接缝高差（mm）		≤3	3m 直尺：每台班测 5 处

注：a 表内压实度任选 1 个标准评定；带 * 者为 SMA 路面，其他为普通沥青混凝土路面。

b 原路面未做弯沉检测的，弯沉指标可不做要求。

4.7.3　外观质量

（1）表面应平整、密实，不应有泛油、松散、裂缝、粗细料明显离析等现象。

（2）搭接处应紧密、平顺。

（3）再生层与路缘石及其他构筑物应密贴接顺，不得有严重积水或漏水现象。

4.8　厂拌冷再生基层

4.8.1　乳化沥青或泡沫沥青厂拌冷再生基层

1）基本要求

（1）冷再生基层的下承层强度应符合设计文件要求。

（2）水泥、再生剂、乳化沥青、泡沫沥青、回收料等材料的质量应符合现行《公路沥青路面再生技术规范》（JTG F41）的有关规定。

（3）乳化沥青冷再生混合料和泡沫沥青冷再生混合料设计及技术指标应符合现行《公路沥青路面再生技术规范》（JTG F41）的有关规定。

（4）在加铺上部结构前，冷再生基层养生时间应符合设计文件要求。

2）实测项目

见表 4.8.1。

表 4.8.1 乳化沥青或泡沫沥青厂拌冷再生基层实测项目

项次	检查项目		规定值或允许偏差	检查方法和频率
1△	压实度（%）	乳化沥青	≥最大理论密度的 90%	按附录 B 检查，每车道每公里检查 3 点
		泡沫沥青	≥重型击实最大干密度的 98%	
2	平整度最大间隙 h^a（mm）		≤8（10）	3m 直尺：单向每 100m 测 1 处 × 10 尺
3△	厚度（mm）	均值	-8	按附录 H 检查，每 200m 每车道检查 1 点
		单个值	-10	
4	纵断高程[b]（mm）		±10	水准仪：每 200m 测 4 个断面
5	宽度（mm）		不小于设计值	钢卷尺：每 200m 测 4 个断面
6	横坡（%）		±0.3	水准仪：每 200m 测 4 个断面
7	15℃劈裂强度（MPa）		符合设计要求	按 T 0716 方法：每工作日 1 次
8	干湿劈裂强度比（%）		符合设计要求	按 T 0716 方法：每工作日 1 次
9	马歇尔稳定度（kN）		符合设计要求	按 T 0709 方法：每工作日 1 次

注：a 连续施工长度小于 100m 的，按括号内的规定值控制平整度，每个连续施工段测 1 处。
b 不采用高程控制施工时高程不做要求。

3）外观质量

（1）表面应平整、密实，无弹簧现象。

（2）表面应无明显碾压轮迹。

4.8.2 无机结合料稳定厂拌冷再生基层

1）基本要求

（1）冷再生基层的下承层强度应符合设计文件要求。

（2）水泥、石灰、回收料等材料的质量应符合设计文件要求和现行《公路沥青路面再生技术规范》（JTG F41）的有关规定。

（3）无机结合料稳定厂拌冷再生混合料设计及技术指标应符合设计文件要求和现行《公路沥青路面再生技术规范》（JTG F41）的有关规定。

（4）在加铺上部结构层前，冷再生基层养生时间应符合设计文件要求。

2）实测项目

见表 4.8.2。

表 4.8.2 无机结合料稳定厂拌冷再生基层实测项目

项次	检查项目		规定值或允许偏差	检查方法和频率
1△	压实度（%）		≥重型击实最大干密度的 98%	按附录 B 检查，每车道每公里检查 3 点
2	平整度最大间隙 h^a（mm）		≤8（10）	3m 直尺：单向每 100m 测 1 处 × 10 尺
3△	厚度（mm）	均值	-8	按附录 H 检查，每 200m 每车道检查 1 点
		单个值	-15	

续表 4.8.2

项次	检 查 项 目	规定值或允许偏差	检查方法和频率
4	纵断高程[b]（mm）	±10	水准仪：每 200m 测 4 个断面
5	宽度（mm）	不小于设计值	钢卷尺：每 200m 测 4 个断面
6	横坡（%）	±0.3	水准仪：每 200m 测 4 个断面
7△	20℃无侧限抗压强度（MPa）	符合设计要求	按附录 G 检查

注：a 连续施工长度小于 100m 的，按括号内的规定值控制平整度，每个连续施工段测 1 处。

b 不采用高程控制施工时高程不做要求。

3）外观质量

（1）表面应平整、密实，无坑洼、弹簧现象。

（2）表面应无明显碾压轮迹。

4.9 水泥混凝土基层

4.9.1 基本要求

（1）水泥、集料、水、外加剂、接缝料、纤维等材料的质量和规格应符合设计文件要求和现行《公路水泥混凝土路面施工技术细则》（JTG/T F30）的有关规定。

（2）水泥混凝土配合比设计和混凝土技术性能应符合设计文件要求和现行《公路水泥混凝土路面施工技术细则》（JTG/T F30）的有关规定。

（3）水泥混凝土施工、养生应符合设计文件要求和现行技术标准、规范的相关规定。

（4）基层拼接的形式和几何尺寸均应符合设计文件要求。

4.9.2 实测项目

见表 4.9.2。

表 4.9.2 水泥混凝土基层实测项目

项次	检 查 项 目		规定值或允许偏差	检查方法和频率
1△	混凝土强度（MPa）		符合设计要求	按附录 C 检查
2△	厚度（mm）	代表值	-8	按附录 H 检查
		单个值	-15	
3	平整度最大间隙 h[a]（mm）		≤8（10）	3m 直尺：单向每 100m 测 1 处 × 10 尺
4	与原基层高差（mm）		+5，-10	水准仪：每 100m 测 2 个断面
5	宽度（mm）		不小于设计值	钢卷尺：每 100m 测 2 处
6	横坡（%）		±0.3	水准仪或水平尺：每 100m 测 2 个断面

注：a 连续施工长度小于 100m 的，按括号内的规定值控制平整度，每个连续施工段测 1 处。

4.9.3 外观质量

（1）混凝土基层表面不应有明显脱皮、印痕、裂纹、集料外露和缺边掉角等现象。

（2）未均匀拉毛的面积不得超过总面积的5%。

（3）接缝填筑应饱满、密实。

4.10 沥青混合料基层

4.10.1 基本要求

（1）下承层表面应平整、洁净，局部损坏应按设计要求修复，下承层强度应符合设计文件要求。

（2）沥青、集料、填料等材料的质量应符合设计文件要求和现行技术标准、规范的有关规定。

（3）沥青混合料配合比设计及其技术性能应符合设计文件要求和现行技术标准、规范的有关规定。

（4）拌和后的沥青混合料应均匀一致，无花白、粗细料分离和结团成块现象。

（5）摊铺时应避免混合料离析，应确保摊铺和碾压温度，使其碾压至要求的压实度。

4.10.2 实测项目

见表4.10.2。

表4.10.2 沥青混合料基层实测项目

项次	检查项目		规定值或允许偏差	检查方法和频率
1△	压实度[a]（%）		≥试验室标准密度的96%； ≥最大理论密度的92%	按附录B检查
2	平整度最大间隙 h（mm）		≤5.0	3m直尺：单向每100m测1处×10尺
3	弯沉值（0.01mm）		符合设计要求	按附录I检查
4△	厚度（mm）	均值	不小于设计值	按附录H检查
		合格值	-15	
5	与原基层高差（mm）		±15	水准仪：每100m测2个断面
6	横坡（%）		±0.4	水准仪或水平尺：每100m测2个断面
7	宽度（mm）		±20	钢卷尺：每100m测2个断面

注：a 表内压实度任选1个标准评定。

4.10.3 外观质量

（1）表面应平整、密实，不应有泛油、松散、裂缝、粗细料明显离析等现象。

（2）表面应无明显碾压轮迹。

（3）搭接处应紧密、平顺，烫缝不应枯焦。

4.11 水泥稳定粒料基层和底基层

4.11.1 基本要求

（1）水泥、粒料等材料的质量应符合设计文件要求和现行《公路路面基层施工技术细则》（JTG/T F20）的有关规定。

（2）水泥用量、矿料级配、混合料技术性能应符合设计文件要求和现行《公路路面基层施工技术细则》（JTG/T F20）的有关规定。

（3）摊铺时应消除离析现象。

（4）混合料应处于最佳含水率状况下，用重型压路机碾压至要求的压实度；从加水拌和到碾压终了的时间不应超过3～4h，并应短于水泥的终凝时间。

（5）碾压检查合格后应立即覆盖或洒水养生，养生期应符合规范要求。

4.11.2 实测项目

见表4.11.2。

表4.11.2 水泥稳定粒料基层和底基层实测项目

项次	检查项目		规定值或允许偏差		检查方法和频率
			基层	底基层	
1△	压实度（%）	代表值	≥98	≥96	按附录B检查，每200m测2处
		极值	≥94	≥92	
2	平整度最大间隙h^a（mm）		≤8（10）	≤12（14）	3m直尺：每200m测2处×10尺
3	纵断高程[b]（mm）		+5，-10	+5，-15	水准仪：每200m测4个断面
4	宽度（mm）		符合设计要求	符合设计要求	尺量：每200m测4处
5△	厚度（mm）	代表值	-8	-10	按附录H检查，每200m每车道测1点
		合格值	-15	-25	
6	横坡（%）		±0.3	±0.3	水准仪：每200m测4个断面
7△	强度（MPa）		符合设计要求	符合设计要求	按附录G检查

注：a 连续施工长度小于100m的，按括号内的规定值控制平整度，每个连续施工段测1处。

b 不采用高程控制施工时高程不作要求。

4.11.3 外观质量

（1）表面应平整、密实，无坑洼和明显离析。

（2）施工接茬应平整、稳定。

4.12 级配碎石基层和底基层

4.12.1 基本要求

（1）碎石、砂砾、石屑、砂等材料的质量应符合设计文件要求和现行技术标准、规范的有关规定。

（2）混合料级配、塑性指数等应符合设计文件要求和现行技术标准、规范的有关规定。

（3）混合料应拌和均匀，无明显离析现象。

（4）碾压应遵循先轻后重的原则，洒水碾压至要求的压实度。

4.12.2 实测项目

见表4.12.2。

表4.12.2 级配碎石基层和底基层实测项目

项次	检查项目		规定值或允许偏差		检查方法和频率
			基层	底基层	
1△	压实度（%）	代表值	≥98	≥96	按附录B检查
		极值	≥94	≥92	
2	弯沉值（0.01mm）		不大于设计值	不大于设计值	按附录I检查
3	平整度最大间隙 h^{a}（mm）		≤8（10）	≤12（14）	3m直尺：每200m测2处×10尺
4	纵断高程[b]（mm）		+5，－10	+5，－15	水准仪：每200m测4个断面
5	宽度（mm）		符合设计要求	符合设计要求	尺量：每200m测4处
6△	厚度（mm）	代表值	－8	－10	按附录H检查，每200m每车道测1点
		合格值	－15	－25	
7	横坡（%）		±0.3	±0.3	水准仪：每200m测4个断面

注：a 连续施工长度小于100m的，按括号内的规定值控制平整度，每个连续施工段测1处。
b 不采用高程控制施工时高程不作要求。

4.12.3 外观质量

表面应平整、密实，无坑洼和明显离析。

4.13 水泥混凝土路面局部修补

4.13.1 基本要求

（1）水泥、集料、水、外加剂等材料的质量和规格应符合设计文件要求和现行技术标准、规范的有关规定。

（2）水泥混凝土拌和物在初凝前填入修补位置，并振捣密实。

（3）新旧混凝土连接处宜设置连接筋，连接筋间距和植筋深度应符合设计文件要求和现行技术标准、规范的有关规定。

4.13.2 实测项目

见表4.13.2。

表4.13.2 局部修补实测项目

项次	检 查 项 目	规定值或允许偏差	检查方法和频率
1△	混凝土强度（MPa）	符合设计要求	按附录C检查
2	接缝处高差 h（mm）	≤5	3m直尺：骑缝检测，每20处挖补抽检1处

4.13.3 外观质量

表面应平整、密实，不应出现严重脱皮、印痕、裂纹等现象。

4.14 水泥混凝土路面换板

4.14.1 基本要求

（1）水泥、集料、水、外加剂等材料的质量和规格应符合设计文件要求和现行《公路水泥混凝土路面施工技术细则》（JTG/T F30）的有关规定。

（2）水泥混凝土配合比设计和混凝土技术性能应符合设计文件要求和现行《公路水泥混凝土路面施工技术细则》（JTG/T F30）的有关规定。

（3）修复后的基层强度、平整度，拉力杆与传力杆的恢复和设置应符合设计文件和现行《公路水泥混凝土路面施工技术细则》（JTG/T F30）的有关规定。

（4）原有拉力杆、传力杆应保持顺直、有效，重新浇筑的水泥混凝土路面的接缝位置、规格、尺寸及传力杆、拉力杆的设置应符合设计文件要求。

（5）采用机械刻槽恢复路面表面抗滑功能，刻槽深度3～5mm，槽宽不大于5mm，槽距10～20mm，刻槽应直顺、深度一致。

（6）新旧路面应相接平顺，路面边缘不得有积水。

（7）混凝土路面铺筑后应按现行《公路水泥混凝土路面施工技术细则》（JTG/T F30）的相关要求进行养生，混凝土板块无断裂。

4.14.2 实测项目

见表4.14.2。

表 4.14.2　换板实测项目

项次	检查项目	规定值或允许偏差	检查方法和频率
1	相邻板高差（mm）	≤3	3m 直尺：骑缝检测
2	抗滑构造深度（mm）	一般路段：0.7～1.1	铺砂法：每 10 块板抽检 1 次
		特殊路段：0.8～1.2	
3△	弯拉强度（MPa）	不小于设计值	标准小梁法：每个台班测 2 组试件
4	纵、横向顺直度（mm）	≤10	挂线量测，每块板量 1 处

4.14.3　外观质量

（1）混凝土表面应无严重脱皮、印痕、裂纹、缺边掉角等现象。

（2）新板表面应平整，新旧路面应相接平顺，路面边缘不应有积水。

4.15　水泥混凝土路面板底注浆

4.15.1　基本要求

注浆所用材料质量和规格及浆液质量、注浆压力等应符合设计文件要求和现行技术标准、规范的有关规定。

4.15.2　实测项目

见表 4.15.2。

表 4.15.2　注浆实测项目

项次	检查项目	规定值或允许偏差	检查方法和频率
1△	水泥砂浆强度（MPa）	符合设计要求	按附录 F 检查
2△	压浆区空腔密实程度	芯样完整或折断面吻合	钻芯取样：每 $500m^2$ 测 1 孔
3	相邻板高程差（mm）	±10	水准仪测量，全部压浆板

4.15.3　外观质量

（1）注浆后不应出现板块松动或板下空洞。

（2）钻孔处应填补至与路面平齐。

（3）注浆后水泥混凝土板表面及接缝处应无浆液残留。

4.16　沥青路面局部挖补

4.16.1　基本要求

（1）修复用沥青混合料的技术指标应符合设计文件要求。

（2）路面局部挖补应彻底，开挖外缘应超出病害外缘。

（3）开挖部位的四壁和洞底应涂刷黏层沥青，并应在缝上用防水材料作封水处理。

（4）挖除的旧料应全部清除，进行除尘后方可喷洒黏层油。

4.16.2 实测项目

见表4.16.2。

表4.16.2 局部挖补实测项目

项次	检查项目	规定值或允许偏差	检查方法和频率
1	压实度（%）	≥试验室标准密度的95%； ≥最大理论密度的91%	钻芯法：每20处挖补抽检1处
2	接缝处高差（mm）	≤5	3m直尺：骑缝检测，每20处挖补抽检1处
3	渗水系数（mL/min）	≤200	渗水试验仪：每20处抽检1处，在新旧搭接处测试

4.16.3 外观质量

（1）路面开挖轮廓线应顺直，偏离基线不应超过20mm。

（2）修补路面与开挖线周围路面应保持平齐，不应低于或高于周围路面。

4.17 沥青路面灌缝、粘缝

4.17.1 基本要求

（1）灌缝和粘缝所用的灌缝胶、粘缝带、热沥青、乳化沥青、沥青砂等材料质量和规格应符合设计文件要求和现行技术标准、规范的有关规定。

（2）沥青路面裂缝或接缝的处理和施工质量检验应符合设计文件要求和现行技术标准、规范的有关规定。

4.17.2 实测项目

见表4.17.2。

表4.17.2 灌缝、粘缝实测项目

项次	检查项目		规定值或允许偏差	检查方法和频率
1	渗水系数		0	渗水试验仪：骑缝检测，用密封材料密闭测试范围内的路面，每20条裂缝测1处
2	与路面高差（mm）	灌缝胶	≤2	抽量，每条缝测2点
		粘缝带	≤5	

4.17.3 外观质量

（1）灌缝材料应填充饱满、密实，与原路面应平齐，与缝壁应黏结牢固、无脱开、无外溢。

（2）粘缝带与路面应黏结牢固，无脱落、露缝现象。

4.18 路缘石

4.18.1 基本要求

（1）预制路缘石的质量和规格应符合设计文件要求。

（2）现浇路缘石所用的水泥、集料、水、外掺剂等材料质量、规格以及配合比应符合设计文件要求。

（3）预制路缘石的铺砌或现浇路缘石的施工质量检验应符合设计文件要求。

（4）路缘石基础材料质量和规格应符合设计文件要求。

（5）槽底基础和后背填料应夯实。

4.18.2 实测项目

见表4.18.2。

表4.18.2 路缘石铺设实测项目

项次	检查项目	规定值或允许偏差	检查方法和频率
1	直顺度（mm）	≤15	20m拉线：每100m测2处
2	预制路缘石相邻两块高差（mm）	≤3	水平尺、塞尺：每100m测2处
3	预制路缘石相邻两块缝宽（mm）	±3	钢直尺：每100m测2处
4	路缘石宽度（mm）	±5	钢直尺：每100m测2处
5	顶面高程（mm）	±10	水准仪：每100m测2处

4.18.3 外观质量

（1）路缘石应砌筑稳固，顶面应平整，直线应顺直，曲线应圆滑；新旧路缘石应连接平顺。

（2）路缘石应与路面平齐，排水口应整齐、通畅，无阻水现象。

4.19 路肩

4.19.1 基本要求

（1）路肩表面应密实、平整，不积水。

（2）肩线应直顺，曲线应圆滑。

（3）硬路肩质量要求应与同类路面结构层相同。

4.19.2 实测项目

见表4.19.2。

表 4.19.2 路肩实测项目

项次	检查项目	规定值或允许偏差	检查方法和频率
1	压实度（%）	不小于设计值	按附录 B 检查，每 200m 测 2 处
2△	厚度（mm）	-5	钻孔取样：单侧每 1000m 测 1 处
3	平整度最大间隙 h（mm）	≤10	3m 直尺：单侧每 100m 测 1 处 ×4 尺
4	宽度（mm）	不小于设计值	钢卷尺：单侧每 100m 测 1 处
5	横坡（%）	±1.0	水平尺、钢直尺：单侧每 100m 测 1 处

4.19.3 外观质量

（1）路肩应无阻水现象。

（2）路肩边缘应顺直，无其他堆积物。

5 桥梁养护工程

5.1 一般规定

5.1.1 每座独立大桥、中桥为一个单位工程，互通立交中的每座桥梁及路基工程中的每座小桥（包括符合小桥标准的通道）、涵洞、人行天桥各为一个分部工程，桥梁常见病害处置施工每座桥为一个分部工程。特大桥的单位工程、分部工程的划分可根据具体情况确定。分项工程原则上按结构构件和养护方法划分。

5.1.2 对上部结构加固、下部结构加固、斜拉索换索等涉及结构加固的工程，在加固前和加固后应分别评定桥梁的承载能力，若加固后桥梁的承载能力未提升至预定目标，应整改。

5.1.3 桥梁常见病害处治所用材料和施工工艺应符合现行《公路桥梁加固施工技术规范》（JTG/T J23）的有关规定，未涉及的可参照现行《公路桥涵施工技术规范》（JTG/T F50）等有关规定执行。

5.1.4 维修后桥下净空不得小于相关设计文件要求。

5.2 桥面铺装

5.2.1 基本要求

（1）水泥混凝土桥面的基本要求应符合本标准第4.2.1条的有关规定，沥青混凝土桥面的基本要求应符合本标准第4.3.1条的有关规定。

（2）桥面铺装凿除前，应测量原桥面高程、纵坡、横坡，确定新铺桥面的高程、纵坡、横坡。

（3）桥面铺装凿除时，应采用轻型凿除设备，严禁破坏主要承重构件。

（4）在桥面铺装施工前，应对主要承重构件逐一检查，并对已损坏的承重构件进行修复。

（5）经处理后的桥面防排水系统应满足设计文件要求和现行相关技术标准、规范的有关规定。

（6）桥面泄水孔、进水口的布置应有利于桥面和渗入水的排除，其数量不得少于设计文件要求，出水口不得使水直接冲刷桥体。

（7）桥面铺装应与伸缩装置结合良好，保持平顺。

（8）水泥混凝土桥面铺装局部修补应符合本标准第 4.13 节的有关规定，沥青混凝土桥面铺装局部挖补应符合本标准第 4.16 节的有关规定。

5.2.2 实测项目

见表 5.2.2。

表 5.2.2 桥面铺装实测项目

<table>
<tr><th>项次</th><th colspan="2">检 查 项 目</th><th colspan="3">规定值或允许偏差</th><th>检查方法和频率</th></tr>
<tr><td>1△</td><td colspan="2">强度或压实度</td><td colspan="3">在合格标准内</td><td>按附录 D 或附录 B 检查</td></tr>
<tr><td>2△</td><td colspan="2">厚度（mm）</td><td colspan="3">+10，-5</td><td>水准仪：测同坐标点在铺装施工前后相对高差；每车道每 100m 测 2 处</td></tr>
<tr><td rowspan="6">3△</td><td rowspan="6">平整度</td><td rowspan="2">混凝土类型及施工层数</td><td rowspan="2">水泥混凝土</td><td colspan="2">沥青混凝土</td><td rowspan="4">平整度仪：全桥每车道连续检测，每 100m 计算 IRI 或 σ</td></tr>
<tr><td>单层</td><td>多层</td></tr>
<tr><td>IRI（m/km）</td><td>≤3.0</td><td>≤2.2</td><td>≤2.0</td></tr>
<tr><td>σ（mm）</td><td>≤1.8</td><td>≤1.3</td><td>≤1.2</td></tr>
<tr><td rowspan="2">h^{a}（mm）</td><td rowspan="2" colspan="3">≤5.0</td><td rowspan="2">3m 直尺：单向每 100m 施工长度测 1 处×10 尺</td></tr>
<tr></tr>
<tr><td rowspan="2">4</td><td rowspan="2">横坡（%）</td><td>水泥混凝土</td><td colspan="3">±0.15</td><td rowspan="2">水准仪：每 100m 测 3 个维修断面</td></tr>
<tr><td>沥青混凝土</td><td colspan="3">±0.3</td></tr>
<tr><td rowspan="3">5</td><td rowspan="3">抗滑性能</td><td>SFC</td><td rowspan="3" colspan="3">符合设计要求</td><td>横向力系数测定车：全线连续检查，按附录 E 评定</td></tr>
<tr><td>BPN</td><td>摆式仪：每 200m 测 1 处</td></tr>
<tr><td>TD（mm）</td><td>铺砂法：每 200m 测 1 处</td></tr>
<tr><td>6</td><td colspan="2">渗水系数（mL/min）</td><td colspan="3">≤80</td><td>渗水试验仪：每 200m 测 1 处</td></tr>
</table>

注：a 最大间隙适用于中小桥和小面积挖（修）补桥面铺装的平整度检测，测试段长度小于 30m 的，用 3m 直尺连续测试，以所测尺数计算合格率。

桥长不足 100m 的，按 100m 处理。

5.2.3 外观质量

桥面铺装应表面平整，排水应通畅。

5.3 钢筋和预应力筋的加工、安装及张拉

5.3.1 钢筋加工及安装

1）基本要求

（1）钢筋、机械连接器、焊条等的品种、规格和技术性能应符合设计文件要求和

现行技术标准、规范的有关规定。

（2）冷拉钢筋的机械性能应符合规范要求，钢筋应平直，表面不应有裂皮和油污。

（3）同一截面受力钢筋的接头数量、搭接长度、焊接和机械接头质量应符合现行技术标准、规范的有关规定。

（4）钢筋安装时，应保证设计要求的钢筋型号和根数。

（5）受力钢筋应平直，表面不得有裂纹及其他损伤。

（6）保护层垫块应分布均匀，数量及材料性能应符合设计文件要求和现行技术标准、规范的有关规定。

（7）与原有钢筋或构件连接可采用焊接、机械连接等方式，搭接长度、接头质量应符合现行《公路桥涵施工技术规范》（JTG/T F50）的有关规定。

2）实测项目

见表 5.3.1-1、表 5.3.1-2。

表 5.3.1-1　钢筋加工及安装实测项目

项次	检 查 项 目		规定值或允许偏差	检查方法和频率
1△	受力钢筋间距[a]（mm）	梁、板、拱肋	±10	尺量：每个构件检查 2 个断面
		墩台、柱	±20	
2	箍筋、横向水平钢筋、螺旋筋间距（mm）		±10	尺量：每个构件检查 5～10 个间距
3	钢筋骨架尺寸（mm）	长	±10	尺量：按骨架总数抽查 30%
		宽、高或直径	±5	
4	弯起钢筋位置（mm）		±20	尺量：每骨架抽查 30%
5△	保护层厚度（mm）	柱、梁、拱肋	±5	尺量：每个构件沿模板周边检查 8 处
		墩台	±10	
		板	±3	

注：a 当受植入钢筋位置限制时，连接钢筋间距允许偏差值可在规定值的基础上适当放宽，但最大不超过植筋构件原钢筋直径的 2 倍。

1. 小型构件的钢筋安装按总数抽查 30%。
2. 在腐蚀环境中，保护层厚度不应出现负值。

表 5.3.1-2　钢筋网实测项目

项次	检 查 项 目	规定值或允许偏差	检查方法和频率
1	网的长、宽（mm）	±10	尺量：全部
2	网眼尺寸（mm）	±10	尺量：抽查 3 个网眼
3	对角线差（mm）	≤15	尺量：抽查 3 个网眼对角线

3）外观质量

（1）钢筋表面应无铁锈及焊渣。

（2）多层钢筋网应有足够的钢筋支撑，并应保证骨架的施工刚度。

5.3.2 预应力钢筋的加工和张拉

1）基本要求

（1）预应力筋的技术性能应符合设计文件要求和现行技术标准、规范的有关规定。

（2）预应力束中的钢丝、钢绞线应梳理顺直，不得有缠绞、扭麻花现象，表面不应有损伤。

（3）单根钢绞线不得断丝，单根钢筋不得断筋或滑移。

（4）同一截面预应力筋接头面积不得超过预应力筋总面积的25%，接头质量应满足施工技术规范的要求。

（5）预应力筋张拉和放张时，混凝土强度和龄期应符合设计文件要求，应严格按设计规定的张拉顺序进行操作。

（6）预应力钢丝采用镦头锚时，镦头应头形圆整，不得有斜歪或破裂现象。

（7）制孔管道应安装牢固、接头密合、弯曲圆顺，锚垫板平面应与孔道轴线垂直。

（8）千斤顶、油表、钢尺等器具应经计量检校确认合格。

（9）锚具、夹具和连接器应符合设计文件要求，应按现行施工技术规范的规定经检验合格后方可使用。

（10）孔道压浆的水泥浆性能和强度应符合施工技术规范的有关规定，压浆时排气、排水孔有水泥原浆溢出后方可封闭。

（11）对原有孔道预应力筋的张拉应按原设计张拉方式进行，并符合现行技术标准、规范的有关规定。

（12）应按设计要求浇筑封锚混凝土。

2）实测项目

见表5.3.2-1、表5.3.2-2。

表5.3.2-1　钢丝、钢绞线先张法实测项目

<table>
<tr><th>项次</th><th colspan="2">检　查　项　目</th><th>规定值或允许偏差</th><th>检查方法和频率</th></tr>
<tr><td rowspan="3">1</td><td rowspan="3">镦头钢丝同束长度相对差（mm）</td><td>L>20m</td><td>≤L/5000且≤5</td><td rowspan="3">尺量：每批抽查2束</td></tr>
<tr><td>6m≤L≤20m</td><td>≤L/3000</td></tr>
<tr><td>L<6m</td><td>≤2</td></tr>
<tr><td>2△</td><td colspan="2">张拉应力值（kN）</td><td>符合设计要求</td><td>查油压表读数：每束</td></tr>
<tr><td>3△</td><td colspan="2">张拉伸长率（%）</td><td>±6</td><td>尺量：每束</td></tr>
<tr><td>4</td><td colspan="2">同一构件内断丝根数不超过钢丝总数的百分数（%）</td><td>≤1</td><td>目测：每根（束）检查</td></tr>
</table>

注：L为钢束长度。

表5.3.2-2　后张法实测项目

<table>
<tr><th>项次</th><th colspan="2">检 查 项 目</th><th>规定值或允许偏差</th><th>检查方法和频率</th></tr>
<tr><td rowspan="2">1</td><td rowspan="2">管道坐标（mm）</td><td>梁长方向</td><td>±30</td><td rowspan="2">尺量：抽查30%，每根查10个点</td></tr>
<tr><td>梁高方向</td><td>±10</td></tr>
</table>

续表 5.3.2-2

<table>
<tr><th>项次</th><th colspan="2">检 查 项 目</th><th>规定值或允许偏差</th><th>检查方法和频率</th></tr>
<tr><td rowspan="2">2</td><td rowspan="2">管道间距（mm）</td><td>同排</td><td>≤10</td><td rowspan="2">尺量：抽查 30%，每根查 5 个点</td></tr>
<tr><td>上下层</td><td>≤10</td></tr>
<tr><td>3</td><td colspan="2">张拉应力值</td><td>符合设计要求</td><td>查油压表读数：全部</td></tr>
<tr><td>4</td><td colspan="2">张拉伸长率（%）</td><td>±6</td><td>尺量：全部</td></tr>
<tr><td rowspan="2">5</td><td rowspan="2">断丝滑丝数</td><td>钢束</td><td>每束 1 根，且每断面不超过钢丝总数的 1%</td><td rowspan="2">目测：每根（束）</td></tr>
<tr><td>钢筋</td><td>不允许</td></tr>
</table>

3）外观质量

预应力筋表面应保持清洁，不应有明显锈迹。

5.4 支座更换

5.4.1 基本要求

（1）支座的质量和规格应符合设计文件要求，经验收合格后方可安装。

（2）支座的支承面混凝土强度应符合设计文件要求，表面应平整、无破损、无污垢。

（3）支座底板调平砂浆性能应符合设计文件要求，应灌注密实，不得留有空洞。

（4）支座更换前，应根据支座受力及滑动变形要求对原支座位置进行复核，不满足要求时应进行调整，安装后应按确定的位置进行检验。

（5）更换支座时，顶升主梁应确保梁体同步升降，应避免横向联结构件开裂，防止梁倾斜，应合理控制顶升位置，不得使主梁及支撑构件发生开裂。

（6）支座上下各部件纵、横轴线应对正。当安装时温度与设计文件要求不同时，对滑动支座应通过计算设置支座顺桥向预偏量。

（7）支座不得发生偏斜、不均匀受力和脱空现象，滑动面上的四氟滑板和镜面不锈钢板不得有刮痕、碰伤等，应定位准确，安装前应在滑面涂硅脂油。

（8）支座顶底板与梁及墩台可采用焊接连接、螺栓连接或粘贴连接方式。采用焊接时，应采取措施防止烧坏混凝土；采用螺栓连接时，外露螺杆的高度不得大于螺母的厚度；采用粘贴连接时，黏结剂应饱满、密实。

5.4.2 实测项目

见表 5.4.2。

表 5.4.2 支座更换实测项目

<table>
<tr><th>项次</th><th colspan="2">检 查 项 目</th><th>规定值或允许偏差</th><th>检查方法和频率</th></tr>
<tr><td>1△</td><td colspan="2">支承面新浇筑混凝土强度（MPa）</td><td>在合格标准内</td><td>按附录 D 检查</td></tr>
<tr><td>2</td><td colspan="2">支座垫板顶面四角高差（mm）</td><td>≤1</td><td>水平尺结合拉线检查</td></tr>
<tr><td>3△</td><td colspan="2">支座中心横桥向偏位（mm）</td><td>≤2</td><td>钢尺：每支座</td></tr>
<tr><td>4</td><td colspan="2">支座顺桥向偏位（mm）</td><td>≤10</td><td>拉线：每支座</td></tr>
<tr><td rowspan="2">5</td><td rowspan="2">就位后支座四角高差（mm）</td><td>承压力≤500kN</td><td>≤1</td><td rowspan="2">卡尺量测支座四角厚度：每支座</td></tr>
<tr><td>承压力>500kN</td><td>≤2</td></tr>
</table>

5.4.3 外观质量

（1）支座表面应保持清洁，支座附近的杂物及灰尘应清除干净。

（2）支座应稳定，应和支撑面密贴。

（3）支座及嵌紧体的防腐防锈涂层应均匀。

5.5 伸缩装置更换

5.5.1 基本要求

（1）伸缩装置的质量应符合设计文件要求和现行技术标准、规范的有关规定。

（2）伸缩装置应锚固牢靠，伸缩性能应有效。

（3）伸缩装置两侧混凝土的类型和强度，应符合设计文件要求。

（4）大型伸缩装置与钢梁连接处的焊缝应做探伤检测，检测结果应合格。

（5）更换伸缩装置时，在凿除原有混凝土的过程中应避免损伤原结构，梁端结构间隙内废渣应清除干净。

（6）更换伸缩装置时，植筋应按设计文件要求的方式与伸缩装置钢构件连接。

（7）安装伸缩装置前，应保证原混凝土表面粗糙、洁净。

（8）伸缩装置两侧槽口尺寸应符合设计文件要求。

（9）伸缩装置安装时，应根据实际温度修正缝宽，并校核梁端结构间隙宽度。

（10）更换伸缩装置按半幅施工时，应保证连接质量，使纵向平整度、横向平整度、与桥面高差满足要求。

（11）伸缩装置处不得积水。

5.5.2 实测项目

见表 5.5.2。

表 5.5.2 伸缩装置更换实测项目

项次	检 查 项 目	规定值或允许偏差	检查方法和频率
1△	两侧混凝土强度（MPa）	在合格标准内	按附录 D 检查
2	长度（mm）	符合设计要求	尺量：每道
3△	缝宽（mm）	符合设计及温度修正要求	尺量：每道检测 2 处

续表 5.5.2

项次	检查项目	规定值或允许偏差	检查方法和频率
4△	与桥面高差（mm）	±2	尺量：每侧检测 3～7 处
5	纵向平整度（mm）	≤3	3m 直尺：跨槽检测 2 处
6	横向平整度（mm）	≤3	3m 直尺：每道检测 2 处
7	梁端结构间隙宽度（mm）	符合设计及温度修正要求	尺量：每道检测 2 处

5.5.3 外观质量

（1）伸缩装置应无阻塞、渗漏、变形、开裂现象。

（2）锚固区混凝土应平整、密实。

5.6 裂缝处理

5.6.1 压力灌注法修补裂缝

1）基本要求

（1）应根据裂缝宽度合理选择修补材料，材料质量应符合设计文件要求和现行技术标准、规范的有关规定。

（2）裂缝修补胶浆液应黏度小、渗透性和可灌性好、收缩小、固化时间可调节、灌浆工艺简便，固化后不应遗留有害化学物质。

（3）施工前应清除裂缝表面灰尘、浮浆、松散层等污物。

（4）应根据浆液流动性选择相应的注浆压力。

（5）当注入裂缝的修补胶达到 7d 固化期时，应采用无损检测法或取芯法对注浆效果进行检验。

（6）压浆嘴布设应符合设计文件要求。

2）实测项目

见表 5.6.1。

表 5.6.1 压力灌注法修补裂缝实测项目

项次	检查项目		规定值或允许偏差		检查方法和频率
			注射剂	聚合物水泥注浆料	
1△	胶液强度（MPa）	抗压	≥50	≥40	按 GB/T 2567 检查
		抗拉	≥20	≥5	按 GB/T 2567 检查
2△	灌注质量	浆体饱满度[a]	≥90%		超声波法：测裂缝总数的 10%，且不少于 5 条裂缝；取芯法：观察芯样裂缝被胶体填充密实、饱满情况，抽取 10%，不少于 3 条，每条钻芯样 1 个
		劈裂抗拉强度[b]	沿裂缝方向施加的劈力，其破坏应发生在混凝土部分（即内聚破坏）；或破坏虽有部分发生在界面上，但其破坏面积不大于破坏面总面积的 15%		取芯法：频率同上

注：a 无补强要求时的实测项目。

b 有补强要求时的实测项目。

3）外观质量

（1）裂缝修复后应密实，不得出现裂缝和脱落现象。

（2）灌缝处混凝土颜色应与原混凝土颜色一致。

5.6.2 表面封闭法修补裂缝

1）基本要求

（1）材料质量应满足设计文件要求和现行技术标准、规范的相关规定。

（2）裂缝缝口表面应保持平顺、干燥、无油污，处理范围沿裂缝走向宽30～50mm。

（3）裂缝缝口表面处理后，应用修补材料涂刷或用改性环氧胶泥适当加压刮抹，封闭胶中心线应基本与裂缝重合。

2）实测项目

见表5.6.2。

表5.6.2 表面封闭法修补裂缝实测项目

项次	检查项目	规定值或允许偏差	检查方法和频率
1△	胶液性能	符合设计要求	按GB 50367检查
2△	封闭胶宽度（mm）	≥20	尺量：每100m抽查3处
3△	封闭胶厚度（mm）	≥2	湿膜用厚度计，干膜用水平尺、塞尺、卡尺或其他设备：每100m抽查3处

3）外观质量

表面封缝材料固化后应均匀、平整，无裂缝、脱落现象。

5.7 混凝土表层缺陷修复

5.7.1 混凝土、砂浆修复

1）基本要求

（1）混凝土表层缺陷可采用混凝土、水泥砂浆、聚合物水泥砂浆、改性环氧混凝土（砂浆）等修复材料，其质量应符合设计文件要求和现行技术标准、规范的有关规定。

（2）混凝土表层处理时，应清除松散混凝土，凿至坚实层，表面应无浮渣、粉尘和油污。

（3）修补时混凝土基面应涂刷界面剂。

（4）应根据不同修补材料的要求进行养生。

2）实测项目

见表5.7.1。

表 5.7.1 混凝土修补实测项目

项次	检 查 项 目	规定值或允许偏差	检查方法和频率
1△	修补材料性能	符合设计要求	按 JTG E30 或 GB/T 2567 等检查
2	表面平顺（mm）	无明显凹凸，±2	目测：用直尺，抽查 30%
3	阴阳角（°）	±5	尺量：抽查 30%

3）外观质量

（1）缺陷修补表面应平整、光洁，不得出现裂缝。

（2）新旧混凝土结合部位不得出现裂缝。

（3）修补混凝土表面颜色应均匀一致。

5.7.2 混凝土表面防腐涂装

1）基本要求

（1）混凝土表面防腐涂装材料的品种、规格、质量应符合设计文件要求和现行技术标准、规范的有关规定。

（2）防腐涂层应与浇筑混凝土时所用的脱模剂相容。

（3）混凝土构件表面应保持清洁、干燥，无油迹、霉点、盐类析出物等污物和松散附着物。

（4）涂装施工过程中的环境条件、每层涂装时间间隔以及使用的机具设备等应符合现行相关技术标准、规范的有关规定。

2）实测项目

见表 5.7.2。

表 5.7.2 桥梁混凝土表面涂装实测项目

项次	实 测 项 目	规定值或允许偏差	检查方法和频率
1	总干膜平均厚度（mm）	不小于设计厚度	涂装完成后 7d，用测厚仪检查：每 $50m^2$ 测 1 点，测点总数不少于 30
2	总干膜最小厚度	0.75 倍设计厚度	
3	涂层附着力（MPa）	≥1.5	附着力拉拔仪：每 $500m^2$ 测 2 点

3）外观质量

涂层厚度应均匀、颜色一致，无破损、气泡、裂纹、漏涂、流挂、剥落等现象。

5.7.3 钢筋防锈蚀处理

1）基本要求

（1）阻锈剂的质量应符合设计文件要求和现行技术标准、规范的有关规定。

（2）混凝土表层缺陷修复前，应对生锈钢筋除锈，缺陷修复后宜在修补范围周边涂刷渗透型阻锈剂，喷涂前应清理混凝土表层，不得粘有浮浆、尘土、油垢、水渍、霉菌或残留装饰层。

（3）喷涂阻锈剂前，混凝土龄期不应少于 28d；局部修补的混凝土，拆模后应及时进行喷涂。

2）实测项目

见表5.7.3。

表5.7.3　钢筋防锈蚀处理实测项目

项次	实 测 项 目	规定值或允许偏差	检查方法和频率
1△	钢筋除锈	符合设计要求	比照板目测：全部
2△	阻锈剂性能	符合设计要求	按JGJ/T 192—2009附录A检查
3	渗透深度（mm）	≥50	按JGJ/T 192—2009附录A检查

3）外观质量

表面应完整、清洁，无污物。

5.8　梁体顶升

5.8.1　基本要求

（1）所用计量器具应经计量检校确认合格。

（2）顶升系统应根据受力要求进行强度、刚度和稳定性验算。

（3）支撑构件的质量应符合设计文件要求和现行技术标准、规范的有关规定，安装应稳定、牢固。

（4）千斤顶应按设计文件要求实施位移同步顶升，顶升过程施行双控。起梁速度应控制在1mm/min之内，任意两个控制点的相对位移差应控制在1mm以内，同时应观测梁体的起顶高度和千斤顶的起顶力。

5.8.2　实测项目

见表5.8.2。

表5.8.2　梁体顶升实测项目

项次	检 查 项 目	规定值或允许偏差	检查方法和频率
1	中线偏位（mm）	≤10	全站仪或经纬仪：测3~8处
2	顶升后梁体高程（mm）	±10	水准仪：桥面两侧每20~50m测1点，且不少于6点，跨中、桥墩处应布置测点

5.9　梁体复位

5.9.1　基本要求

（1）梁体复位前，应对梁体、墩柱进行测量，确定复位最终位置及复位量。

（2）顶升系统应根据受力要求进行强度、刚度和稳定性验算。

（3）锚固区混凝土及锚栓强度应进行力学验算，使其在受力状态下锚固稳定。

（4）各套顶升系统应按设计文件要求位移同步工作，顶升时应按要求进行分级控制。

（5）梁体复位过程中，对不满足相关要求的支座应进行处治。

（6）施工过程中，应对墩柱、梁体等进行监控。

5.9.2 实测项目

见表5.9.2。

表5.9.2 梁体复位实测项目

项次	检 查 项 目	规定值或允许偏差	检查方法和频率
1	复位平面位置[a]（mm）	±10	尺量：纵横向各1点
2	复位桥跨与相接部位中心线的衔接（mm）	≤20	尺量：分别将复位桥跨中心线和相接部位中心线，与其平面位置比较
3	与相邻路面高差（mm）	±3	水准仪：在桥头搭板范围内顺延桥面纵坡，高程每米测1点；尺量：每端测量左、中、右3处
4	与伸缩缝高差（mm）	±3	尺量：每端测量左、中、右3处

注：a 复位平面位置允许偏差指与几方现场确定的复位位置相比较。

5.9.3 外观质量

（1）桥梁的内外轮廓线条应顺滑、清晰，无突变、明显折变或反复现象。

（2）栏杆、防护栏、墩柱和路缘石的线形应顺滑、流畅，无折弯现象。

5.10 体外预应力加固

5.10.1 基本要求

（1）体外预应力索（包括钢绞线、高强钢丝束、精轧螺纹钢筋、碳纤维板等）、锚具、钢结构转向装置等的质量应符合设计文件要求和现行技术标准、规范的有关规定。

（2）预应力索应顺直，同一截面预应力筋接头面积和质量应符合设计文件要求和现行技术标准、规范的有关规定。

（3）安装张拉端、固定端锚固螺栓时，应避开原钢筋或预应力筋。

（4）张拉、粘贴碳纤维板时，温度和基面含水率应符合设计文件要求。

（5）制孔管道应安装牢固、接头密合、弯曲圆顺，锚垫板平面应与孔道轴线垂直。

（6）导向块应坚实牢固、位置准确。

（7）体外预应力索张拉应符合设计文件要求和现行技术标准、规范的有关规定。

5.10.2 实测项目

见表5.10.2-1～表5.10.2-3。

表 5.10.2-1　体外预应力钢绞线加固实测项目

项次	检　查　项　目		规定值或允许偏差	检查方法和频率
1△	齿板、转向块混凝土强度（MPa）		在合格标准内	按附录 D 检查
2△	张拉应力值（kN）		符合设计要求	查油压表读数：每索
3	张拉伸长率（%）		±6	尺量：每索
4	齿板、转向块位置（mm）	纵桥向	≤50	尺量：抽查 20%
		横桥向	≤30	
5△	断丝滑丝数	钢束	每束 1 根，且每断面不超过钢丝总数的 1%	目测：每索（根）
		钢筋	不允许	
6△	控制截面和关键位置	应变（με）	±10	查施工监控记录
		挠度	$\pm 5\% f_k$	

注：f_k 指预应力张拉产生的控制截面挠度。

表 5.10.2-2　体外预应力精轧螺纹钢筋加固实测项目

项 次	检 查 项 目		规定值或允许偏差	检查方法和频率
1△	齿板混凝土强度（MPa）		在合格标准内	按附录 D 检查
2△	张拉应力值（kN）		符合设计要求	查油压表读数：每索
3	张拉伸长率（%）		±6	尺量：每索
4	齿板位置（mm）	纵桥向	≤50	尺量：抽查 20%
		横桥向	≤30	
5△	控制截面和关键位置	应变（με）	±10	查施工监控记录
		挠度	$\pm 5\% f_k$	

表 5.10.2-3　体外预应力碳纤维板加固实测项目

项 次	检 查 项 目		规定值或允许偏差	检查方法和频率
1△	结构胶强度（MPa）		在合格标准内	查试验报告
2△	粘贴质量	空鼓率（%）	<5	小锤敲击法：全部
		胶黏剂厚度（mm）	±1	钢尺：每索检查 3 处
3△	张拉应力值（kN）		符合设计要求	查油压表读数：每索
4	张拉伸长率（%）		符合设计要求	尺量：每索
5△	控制截面和关键位置	应变（με）	±10	查施工监控记录
		挠度	$\pm 5\% f_k$	

5.10.3　外观质量

（1）齿板、转向块不应出现偏向、掉角等现象。当出现开裂现象时，裂缝宽不应大于 0.1mm，裂缝深度不应超过混凝土保护层厚度。

（2）钢结构转向装置表面应清洁，防腐涂层应完好无损。

（3）钢束与导向管（限位器）间不应出现橡胶垫块（圈）缺失和破损。

（4）成品无黏结预应力钢绞线的护套表面应光滑、无凹陷、无可见钢绞线轮廓、无裂缝、无气孔、无明显褶皱和机械损伤，并应视损伤情况进行处理，严重者应更换。

（5）碳纤维板与梁体应贴合密实，两侧应无多余结构胶；防腐涂层应均匀，两端应封锚良好。

5.11 粘贴钢板加固

5.11.1 基本要求

（1）材料品种、规格及质量应符合设计文件要求和现行技术标准、规范的有关规定。

（2）锚固螺栓数量、规格及钢板的搭接长度不得小于设计值。

（3）钢板表面应按设计要求进行防腐处理。

（4）粘贴加压及固化时间应符合设计文件要求。

（5）应通过工艺试验确定钢板粘贴工艺，钢板与原构件混凝土的正拉黏结强度不符合设计文件要求时应调整粘贴工艺。

5.11.2 实测项目

见表5.11.2。

表5.11.2 粘贴钢板加固实测项目

项次	检 验 项 目	规定值或允许偏差	检查方法和频率
1△	加固构件结合面处理	符合设计要求	目测：全部
2	钢板粘贴结合面处理	符合设计要求	样板、目测：全部
3	钻孔深度、孔径、螺栓植入深度	符合设计要求	尺量：抽检20%
4△	有效黏结面积（%）	≥95	超声探测、敲击或红外线探测：抽检20%
5	胶黏剂厚度（mm）	设计值±0.5； 设计未规定时为2.5±0.5	游标卡尺测量：每个构件检查2处，但应选在胶层最厚及最薄处
6	钢板几何尺寸	不小于设计要求	尺量：抽检20%

5.11.3 外观质量

（1）钢板边缘应无溢胶，色泽应均匀，胶体应固化。

（2）涂装表面应完整、光洁、均匀，应无破损、气泡、裂纹、针孔、凹陷、麻点、流挂和皱皮等现象。

（3）涂装的漆膜颜色宜一致。

5.12 粘贴纤维复合材料加固

5.12.1 基本要求

（1）纤维复合材料和黏结胶等的质量应符合设计文件要求和现行技术标准、规范的有关规定。

（2）加固前应对混凝土基底进行凿除、清理和打磨，基面应坚实，大面应平整、洁净、干燥，有一定粗糙度。

（3）粘贴前应充分浸渍纤维布。

（4）纤维复合布材搭接长度不应小于100mm，碳纤维板不允许搭接。

5.12.2 实测项目

见表5.12.2-1～表5.12.2-3。

表5.12.2-1 粘贴碳纤维布加固实测项目

项次	检验项目		规定值或允许偏差	检查方法和频率
1△	碳纤维布及配套胶力学性能指标		符合设计要求	查检测报告和抽检试验报告
2△	正拉黏结强度（MPa）		≥2.5或混凝土内聚破坏	正拉试验：按构件总数的10%抽检，被检构件总数不少于3个，每个构件测3点
3	碳纤维布粘贴误差（mm）		中心线偏差±10，长度负偏差不应大于15	钢尺：全部
4	阴阳角圆化半径（mm）		≥25	量规：全部
5△	粘贴质量	空鼓面积之和与总粘贴面积之比（%）	≤5	小锤敲击法：全部或抽样
		胶黏剂厚度（mm）	2.0±0.3	游标卡尺：测量正拉试件边缘，频率同正拉试验
		硬度（布材）（°）	>70	D型邵氏硬度计检测：全部
6	搭接长度（mm）		≥100	尺量：抽检3%

表5.12.2-2 粘贴碳纤维板加固实测项目

项次	检验项目	规定值或允许偏差	检查方法和频率
1△	碳纤维板及配套胶力学性能指标	符合设计要求	查检测报告和抽检试验报告
2△	正拉黏结强度（MPa）	≥2.5或混凝土内聚破坏	正拉试验：按构件总数的10%抽检，被检构件总数不少于3个，每个构件测3点

续表 5.12.2-2

<table>
<tr><th>项次</th><th colspan="2">检 验 项 目</th><th>规定值或允许偏差</th><th>检查方法和频率</th></tr>
<tr><td>3</td><td colspan="2">碳纤维板粘贴误差（mm）</td><td>中心线偏差 ±10，长度负偏差不应大于 15</td><td>钢尺：全部</td></tr>
<tr><td rowspan="2">4△</td><td rowspan="2">粘贴质量</td><td>空鼓面积之和与总粘贴面积之比（%）</td><td>≤5</td><td>小锤敲击法：全部或抽样</td></tr>
<tr><td>胶黏剂厚度（mm）</td><td>2 ±0.3</td><td>游标卡尺：测量正拉试件边缘，频率同正拉试验</td></tr>
</table>

表 5.12.2-3　粘贴其他纤维复合材料加固实测项目

<table>
<tr><th>项次</th><th colspan="2">检 验 项 目</th><th>规定值或允许偏差</th><th>检查方法和频率</th></tr>
<tr><td>1△</td><td colspan="2">纤维复合材料及配套胶力学性能指标</td><td>符合设计要求</td><td>查检测报告和抽检试验报告</td></tr>
<tr><td>2△</td><td colspan="2">正拉黏结强度（MPa）</td><td>符合设计要求</td><td>正拉试验：按构件总数的 10% 抽检，被检构件总数不少于 3 个，每个构件测 3 点</td></tr>
<tr><td>3</td><td colspan="2">阴阳角圆化半径（mm）</td><td>≥25</td><td>量规：全部</td></tr>
<tr><td>4</td><td colspan="2">纤维复合材料粘贴误差（mm）</td><td>中心线偏差 ±10，长度负偏差不应大于 15</td><td>钢尺：全部</td></tr>
<tr><td rowspan="3">5△</td><td rowspan="3">粘贴质量</td><td>空鼓面积之和与总粘贴面积之比（%）</td><td>≤5</td><td>小锤敲击法：全部或抽样</td></tr>
<tr><td>胶黏剂厚度（mm）</td><td>符合设计要求</td><td>游标卡尺：测量正拉试件边缘，频率同正拉试验</td></tr>
<tr><td>硬度（布材）</td><td>符合设计要求</td><td>D 型邵氏硬度计检测：全部</td></tr>
</table>

5.12.3 外观质量

（1）表面应清洁，防腐应完好，溢出的胶黏剂以及面层防护胶色泽应均匀。

（2）碳纤维边缘应顺直，与梁体黏结应紧密、平整。

5.13　预应力锚杆加固

5.13.1 基本要求

（1）张拉设备应经计量检校确认合格。

（2）原材料、水泥浆、水泥砂浆的质量应符合设计文件要求。

（3）成孔的直径、位置、孔深和倾角应符合设计文件要求。

（4）锚杆的组装、安放、张拉、锁定和防锈处理应符合设计文件要求和现行技术标准、规范的有关规定。

（5）注浆应从注浆管底反向一次性连续注浆，严禁从孔口注浆至锚固段。

5.13.2 实测项目

见表5.13.2。

表5.13.2 预应力锚杆加固实测项目

项次	检验项目	规定值或允许偏差	检查方法和频率
1△	水泥砂浆强度（MPa）	在合格标准内	按附录F检查
2△	锚固区混凝土强度（MPa）	在合格标准内	按附录D检查
3	加固构件断面尺寸（mm）	±20	尺量：每个构件测3个断面
4	竖直度或斜度	≤0.4%且≤25mm	垂线、直尺：每个构件测2处
5△	预埋锚杆位置（mm）	±20	尺量：抽查20%
6△	张拉应力值（kN）	符合设计要求	查油压表读数：每束
7△	张拉伸长率（%）	±6	尺量：每束

5.13.3 外观质量

（1）预应力锚杆表面应清洁，不应有明显锈迹。

（2）封锚混凝土外形轮廓应平顺，无蜂窝、麻面等现象。

5.14 植筋

5.14.1 基本要求

（1）施工前应进行现场抗拔试验，试验合格后方可进行植筋施工。

（2）定位、钻孔、钢筋、清孔、注胶、固化应符合设计文件要求。

（3）钻孔前应采用钢筋定位仪探测植筋部位钢筋位置，结合设计文件确定植筋位置。

（4）钻孔宜选用无冲击设备，钻孔时遇到钢筋应立即停钻，移动孔位，确保钻孔时不伤及钢筋，特别是预应力钢筋或钢绞线。

（5）植入钢筋的外露长度应保证能满足相关规范关于钢筋搭接长度的要求。

5.14.2 实测项目

见表5.14.2。

表5.14.2 植筋质量验收实测项目

项次	检查项目	规定值或允许偏差	检查方法和频率
1	抗拔力（kN）	不小于设计值	抗拔试验仪：每100根测3根
2	胶黏剂强度（A级）[a]（MPa）	≥8.5	查检测报告和抽检试验报告
3	锚固深度（mm）	不小于设计值	尺量：抽查5%
4	植筋间距[b]（mm）	设计值±5%或≤10	尺量：抽查5%

注：a 胶黏剂强度是指劈裂抗拉强度。

b 钻孔时遇钢筋移动孔位的植筋间距应适当放宽要求。

5.14.3 外观质量

（1）锚孔内胶黏剂应饱满，不得有未固结现象。

（2）植入钢筋不得有松动，表面不应有损伤，钢筋不得弯曲90°以上。

5.15 斜拉索调整更换

5.15.1 基本要求

（1）斜拉索应由专业厂生产，应有出厂检验报告和检测数据、产品编号和质量。

（2）锚头、锁定构件等应符合设计文件要求。

（3）换索施工应在索塔、主梁及锚碇缺陷修复和加固完成后进行，并应对梁、塔的变形和相邻索的索力变化进行全面监测。

（4）卸索时应严格控制索力，按设计要求分级同步卸载。

（5）斜拉索张拉的顺序、级次和量值应按设计文件和监控要求执行，斜拉索张拉宜在塔端或梁端单端进行，平行钢丝斜拉索应整体张拉。

（6）斜拉索更换后，应立即在斜拉索钢套管处采取有效密封措施。斜拉索锚具在梁内及塔上的外露部分应予以防护。

5.15.2 实测项目

见表5.15.2。

表5.15.2 斜拉索更换质量检验实测项目

项次	检查项目		规定值或允许偏差	检查方法和频率
1△	索力（kN）	允许值	符合设计要求	索力测定仪：测每对索的索力
		极值	符合设计要求	
2	梁锚固点或梁顶高程（mm）	$L \leq 200$m	±20	水准仪或全站仪：测量每个锚固点或每梁段中点
		$L > 200$m	$\pm L/10000$	
3	锚具轴线与孔道轴线偏位（mm）		≤5	尺量：抽查25%
4△	有效锚固长度（mm）		符合设计要求	尺量：全部

注：L为拉索长度。

5.15.3 外观质量

（1）斜拉索表面应密实、光滑，无畸形，颜色一致。

（2）斜拉索表面应无碰伤或擦伤。

（3）锚头应无伤痕和锈蚀。

5.16 吊杆更换

5.16.1 基本要求

（1）吊杆应由专业厂生产，应有出厂检验报告和检测数据、产品编号和质量。

（2）吊杆上下端螺纹长度或旋入连接器中螺纹长度应符合设计文件和厂家安装要求。

（3）吊杆运输和安装过程应采取保护措施，防止碰伤锚具及PE索套。

（4）更换吊杆前应对新换柔性索及刚性连接杆的尺寸、构造等进行复核，并根据构造形式、施工设备等情况设置工具吊杆。工具吊杆应进行设计计算，对工具吊杆施力时，应保证同步张拉，使吊杆受力平衡。

（5）吊杆更换前应在桥面设置监测高程点，更换吊杆过程中，应连续监测桥面高程、吊杆内力及混凝土应力变化；新吊杆张拉应实行双控，以桥面高程控制为主，吊杆内力控制为辅。

（6）施工过程中新旧吊杆以及工具吊杆之间的荷载转换应平稳。

（7）上下锚头或人行道处的防腐和防水应符合设计文件要求。

5.16.2 实测项目

见表5.16.2。

表5.16.2 吊杆更换实测项目

项次	检查项目	规定值和允许偏差	检查方法和频率
1	吊杆长度（mm）	±0.001L及±10	钢尺：逐根吊杆检查
2△	吊杆拉力（kN）	符合设计要求	测力仪：逐根吊杆检查
3△	吊杆位置（mm）	±10	全站仪：逐个吊点检查
4	桥面控制点高程（mm）	±10	水准仪：每50m检查1处
	两侧高差（mm）	±20	
5△	有效锚固长度（mm）	符合设计要求	尺量：全数检查3处

注：L为吊杆长度。

5.16.3 外观质量

（1）吊杆应顺直，无扭转现象。

（2）防护层应完好，无破损和污物。

5.17 钢结构防腐

5.17.1 基本要求

（1）防腐涂层材料的品种、规格和质量应满足设计文件和现行技术标准、规范的有关要求。

（2）涂敷系统应进行车间和现场工艺试验，试验合格后方可正式施工。

（3）涂敷过程中的环境条件、每层涂装时间间隔以及使用的机具设备等应符合现行技术标准、规范的有关规定。

5.17.2 实测项目

见表 5.17.2。

表 5.17.2 钢结构防腐实测项目

项次	检查项目		规定值或允许偏差	检查方法和频率
1△	除锈清洁度		Sa2.5（St3）	比照板目测：全部
2△	粗糙度（μm）	外表面	70～100	按设计规定检查；设计未规定时，用粗糙度仪检查，每节拼装长度段检查 6 点，取平均值
		内表面	40～80	
3	总干膜厚度（μm）		符合设计要求	漆膜测厚仪检查：抽查 10%，同类构件不应少于 3 件
4	附着力（MPa）		符合设计要求	划格或拉力试验：按构件数抽查 1%，且不应少于 3 件，每件测 3 处

注：总干膜厚度的检查频率按设计规定执行。无规定时，每 $10m^2$ 测 3～5 点，每个点附近测 3 次，取平均值，每个点的量测值若小于设计值应加涂一层涂料。每涂完一层后，应检测干膜总厚度。每个构件检测 5 处，每处的数值为 3 个相距 50mm 测点涂层干漆膜厚度的平均值。

5.17.3 外观质量

（1）涂层表面应完整光洁、均匀，应无破损、气泡、裂纹、针孔、凹陷、麻点、流挂和皱皮等缺陷。

（2）涂后的漆膜颜色应一致。

5.18 混凝土护栏和混凝土防撞墙

5.18.1 基本要求

（1）水泥、砂、石、水和外加剂的规格和质量应符合现行《公路桥涵施工技术规范》（JTG/T F50）和《普通混凝土配合比设计规程》（JGJ 55）的有关规定，应按规定的配合比施工。

（2）护栏不得有断裂和弯曲现象。

（3）护栏接缝处的填缝料应饱满、平整，伸缩缝应伸缩有效。

（4）防撞墙的位置应精确放样，模板宜采用光洁度较高的模板。支撑应牢固，线形应顺直，表面应平整、光洁，顶面应平顺，预埋钢筋位置应准确。

（5）防撞墙伸缩缝应平整，与桥面的伸缩缝应在同一直线上。

5.18.2 实测项目

见表5.18.2-1、表5.18.2-2。

表5.18.2-1 护栏实测项目

项次	检查项目	规定值或允许偏差	检查方法和频率
1△	混凝土强度（MPa）	在合格标准内	按附录D检查
2	护栏柱平面偏位（mm）	≤5	每5根柱拉线检查
3	护栏柱顶面高差（mm）	≤4	尺量：抽查20%
4	护栏柱纵横向竖直度（mm）	≤4	垂线、直尺：抽查20%

表5.18.2-2 防撞墙实测项目

项次	检查项目	规定值或允许偏差	检查方法和频率
1△	混凝土强度（mm）	在合格标准内	按附录D检查
2	平面偏位（mm）	≤5	20m拉线检查
3	断面尺寸（mm）	±5	尺量：每100m测3处
4	垂直度（mm）	≤5	垂线、直尺：每100m测3处
5	拼接处高差（mm）	≤5	尺量：每100m测3处
6	钢筋保护层厚度（mm）	比设计值大0~5	钢筋保护层厚度测定仪：每50m测3处

5.18.3 外观质量

防撞栏线形应顺畅、美观，节段连接应平滑，混凝土表面应平整，无蜂窝、麻面现象。

6 隧道养护工程

6.1 一般规定

6.1.1 长隧道一座为一个单位工程，多个中短隧道可合并为一个单位工程，隧道常见病害处置施工，可将每座隧道作为一个分部工程，分项工程原则上按隧道部位和维修方法划分。

6.1.2 隧道常见病害处置施工所用材料和施工工艺应符合现行《公路隧道施工技术规范》（JTG F60）的有关规定。

6.1.3 隧道养护时应有维护隧道内行车安全和畅通的相关措施，保证养护人员安全。

6.1.4 隧道内所有养护工程均不得侵入加固设计要求的建筑限界，维修后隧道净空不得小于设计文件要求。

6.1.5 隧道路面的基层（底基层）、面层，应按路面工程的标准进行检验评定。

6.1.6 隧道衬砌内表面碳纤维加固、粘贴钢板加固等，可参照本标准桥梁养护工程的相关章节进行质量评定。

6.1.7 隧道内的渗（漏）水处置验收宜分两步进行，交工验收应在完工后进行；处置效果验收宜在维修后第一个丰水期进行。

6.1.8 隧道拱部、墙部、设备洞、车行横通道、人行横通道不得渗水，洞内排水系统不得淤积、堵塞，排水应通畅。

6.1.9 本标准未涉及的隧道加固内容，可参照《公路隧道施工技术规范》（JTG F60）和《公路工程质量检验评定标准　第一册　土建工程》（JTG F80/1）的有关规定执行。

6.2 衬砌背面压（注）浆

6.2.1 基本要求

（1）材料的质量和规格应满足设计文件要求和现行技术标准、规范的有关规定。

（2）应根据孔隙位置合理布置注浆孔，压浆前应对衬砌进行临时支挡，注浆过程中应监测注浆压力。

（3）衬砌后空洞压浆应饱满。

（4）钻孔注浆顺序应由水少向水多方向进行。

6.2.2 实测项目

见表6.2.2。

表6.2.2 衬砌背面压（注）浆实测项目

项次	检查项目	规定值或允许偏差	检查方法和频率
1△	浆液强度（MPa）	符合设计要求	按附录F检查，每台班1组
2△	空洞[a]	无空洞	凿孔或雷达检测：凿孔每10m检查1个断面，每个断面从拱顶中线起每3m检查1点；雷达检测，纵向分别于拱顶和左右拱腰各布置1条测线，对于三车道隧道应在左右起拱线位置分别增加1条测线，连续检测
3	注浆孔间距（mm）	±50	尺量：每注浆区域抽查1处
4	注浆孔深度（mm）	符合设计要求	尺量：每注浆区域抽查1处

注：a 发现1处空洞则判本分项工程为不合格。

6.2.3 外观质量

（1）封浆孔应处理完好，处理后应清洁、无污染。

（2）应无漏压、离鼓、裂缝现象。

6.3 衬砌钢筋网支护

6.3.1 基本要求

（1）材料的质量和规格应符合设计文件要求和现行技术标准、规范的有关规定。

（2）支护前应做好排水设施，对渗漏水、空洞、缝隙等应采取引排堵水措施。

（3）采用双层钢筋网时，第二层钢筋网应在第一层钢筋网被混凝土覆盖后铺设。

6.3.2 实测项目

见表6.3.2。

表 6.3.2　衬砌钢筋网支护实测项目

项次	检 查 项 目	规定值或允许偏差	检查方法和频率
1△	网格尺寸（mm）	±10	尺量：每 $50m^2$ 检查 2 个网眼
2	钢筋保护层厚度（mm）	±10	凿孔或钢筋位置测定仪检查：每 20m 检查 5 点
3	与受喷岩面的间隙（mm）	≤30	尺量：每 20m 检查 10 点
4	网的长、宽（mm）	±10	尺量

6.3.3　外观质量

钢筋网与锚杆或其他固定装置连接应牢固，喷射混凝土时不得晃动。

6.4　混凝土衬砌更换

6.4.1　基本要求

（1）材料的质量和规格应符合设计文件要求和现行技术标准、规范的有关规定。

（2）基底承载力应满足设计文件要求，必要时应进行基底承载力试验。

（3）施工前应收集衬砌背面空洞和围岩垮塌资料，必要时可用超声波、雷达检测。

（4）拆除衬砌时应根据围岩地质情况及时进行支撑，原有破损的衬砌应清理干净。

（5）拱背空隙应回填密实，严重超挖和塌方产生的空洞处理方案应报批。

（6）衬砌的内轮廓线应与原有的轮廓线一致。

（7）在不影响通行的情况下，可采用简易施工台车进行施工。

6.4.2　实测项目

见表 6.4.2。

表 6.4.2　混凝土衬砌更换实测项目

项次	检 查 项 目	规定值或允许偏差	检查方法和频率
1△	混凝土强度（MPa）	在合格标准内	按附录 D 检查
2△	衬砌厚度（mm）	不小于设计值	地质雷达检测：纵向分别于拱顶和左右拱腰各布置 1 条测线，对于三车道隧道应在左右起拱线位置分别增加 1 条测线，连续检测
3	墙面平整度（mm）	≤20	2m 直尺：每 20m 每侧检查 3 处
4	传力杆间距（mm）	±20	钢卷尺：每 10m 检查 5 处
5	传力杆埋置深度（mm）	≥15*D*	钢卷尺：每 10m 检查 5 处
6	施工缝错台（mm）	≤10	尺量：每个断面检查 3 处

注：*D* 为传力杆直径。

6.4.3　外观质量

（1）混凝土表面应密实、无裂缝、无污染。每延米的隧道面积中，蜂窝麻面和气泡面积不应超过1%，深度超过5mm时应处理。

（2）结构轮廓线条应顺直、美观，表面应协调一致，维修范围内混凝土颜色应均匀。

6.5 喷射混凝土支护

6.5.1 基本要求

（1）素混凝土、钢筋网喷射水泥砂浆、钢筋网喷射混凝土、钢纤维喷射混凝土均可作为隧道喷射混凝土支护材料，应根据病害程度和施工条件等选择材料类型。

（2）材料质量和规格应符合设计文件要求和现行技术标准、规范的有关规定。

（3）喷射前，应检查开挖断面的质量，超欠挖应进行处理；对衬砌裂纹、剥离等应清理到位；对围岩表面渗漏水、流水处应采取引、排、堵水措施。

（4）喷射前，喷射表面应清洁。

（5）喷射混凝土支护应与基底紧密黏结，结合应牢固，必要时应进行黏结强度测试；喷层厚度应符合设计文件要求，不能有空洞；喷层内不得存在片石和木板等杂物，喷射混凝土时严禁挂模喷射。

（6）喷射混凝土应有足够的强度和附着率。

（7）采用钢筋网喷射混凝土时，钢筋网保护层厚度应满足设计文件要求。

（8）采用钢纤维喷射混凝土时，钢纤维抗拉强度不得低于380MPa或设计文件要求，且不得有油渍及明显锈蚀。

6.5.2 实测项目

见表6.5.2。

表6.5.2 喷射混凝土（砂浆）支护实测项目

项次	检查项目	规定值或允许偏差	检查方法和频率
1△	混凝土（砂浆）强度（MPa）	在合格标准内	按附录D（F）检查
2△	喷层厚度（mm）	平均厚度≥设计厚度； 检查点的60%≥设计厚度； 最小厚度≥0.5倍设计厚度且≥50	凿孔或地质雷达检测：凿孔法是每10m检查1个断面，每个断面从拱顶中线起每3m检查1点；雷达检测，纵向分别于拱顶和左右拱腰各布置一条测线，对于三车道隧道应在左右起拱线位置分别增加一条测线，连续检测
3△	空洞检测[a]	无空洞，无杂物	凿孔或地质雷达检测：凿孔法是每10m检查1个断面，每个断面从拱顶中线起每3m检查1点；雷达检测，纵向分别于拱顶和左右拱腰各布置一条测线，对于三车道隧道应在左右起拱线位置分别增加一条测线，连续检测
4	黏结强度（MPa）	Ⅰ、Ⅱ级围岩≥0.8； Ⅲ级围岩≥0.5	直接拉拔法或成型试验法：每50～100m检查一组3处

注：a 空洞检测的目的是检查喷层与围岩的接触状态，发现1处空洞，本分项工程为不合格。

6.5.3 外观质量

应无漏喷、离鼓、裂缝、钢筋网外露等现象。

6.6 锚杆支护

6.6.1 基本要求

（1）锚杆的材质、类型、规格、数量、质量和性能应符合设计文件要求和现行技术标准、规范的有关规定。

（2）锚杆插入孔内的长度不得短于设计长度的95%。

（3）锚杆灌浆强度应不小于设计文件要求，锚杆孔内灌浆应密实饱满。

（4）锚杆垫板安设应符合设计文件要求，垫板应紧贴围岩，围岩不平时应用 M10 砂浆找平。

（5）锚杆应垂直于开挖轮廓线布设，对于沉积岩锚杆应尽量垂直于岩层面。

6.6.2 实测项目

见表6.6.2。

表6.6.2 锚杆支护实测项目

项次	检 查 项 目	规定值或允许偏差	检查方法和频率
1△	锚杆数量（根）	≥设计值	按分项工程统计
2△	锚杆抗拔力（kN）	28d 抗拔力平均值≥设计值，最小抗拔力≥0.9 倍设计值	按锚杆数的1%且不小于3根做拔力试验
3	孔位（mm）	±150	尺量：抽查锚杆数的10%
4	钻孔深度（mm）	±50	尺量：抽查锚杆数的10%
5	孔径（mm）	符合设计要求	尺量：抽查锚杆数的10%
6	锚杆垫板	与岩面紧贴	尺量：抽查锚杆数的10%

6.6.3 外观质量

钻孔方向应尽量与围岩和岩层主要结构面垂直。

6.7 防水层修补

6.7.1 基本要求

（1）防水材料质量、规格等应符合设计文件要求和现行技术标准、规范的有关规定。

（2）防水卷材铺设前，应对喷射混凝土基面进行检查，不得有钢筋、突出的管件等尖锐突出物，割除尖锐突出物后，割除部位应用砂浆抹平顺。

（3）防水层施工时，基面不得有明水；如有明水，应采取措施封堵或引排。

（4）隧道断面变化处或转弯处的阴角，应抹成半径不小于50mm的圆弧。

6.7.2 实测项目

见表6.7.2。

表6.7.2 防水层实测项目

项次	检查项目		规定值或允许偏差	检查方法和频率
1	搭接宽度（mm）		≥100	尺量：全部搭接均应检查，每个搭接检查3处
2	缝宽（mm）	焊接	两侧焊缝宽度≥25	尺量：每个搭接检查3处
		粘接	粘缝宽度≥50	
3	固定点间距（mm）		符合设计要求	尺量：检查总数的10%

注：与相邻完好板块的防水卷材相接时，搭接长度（缝宽）应尽量满足表中要求；如不满足，应采取其他防排水处置措施。

6.7.3 外观质量

（1）防水层表面应平顺，无折皱、气泡、破损等现象，应与洞壁密贴、松紧适度，无紧绷现象。

（2）接缝、补眼应粘贴密实、饱满，不得有气泡、空隙。

6.8 止水带安装

6.8.1 基本要求

（1）止水带的质量和规格等应符合设计文件要求和现行技术标准、规范的有关规定。

（2）止水带与衬砌端头模板应正交。

（3）止水带的接头每环不宜多于2处，且不得设在转角处。

（4）止水带在转角处应做成圆弧形，橡胶止水带的转角半径不应小于200mm，钢片止水带不应小于300mm，且转角半径应随止水带的宽度增大而相应增大。

（5）不得在止水带上穿孔打洞固定止水带，钉子、钢筋和石子等不得刺破止水带。

6.8.2 实测项目

见表6.8.2。

表6.8.2 止水带实测项目

项次	检查项目	规定值或允许偏差	检查方法和频率
1	纵向偏离（mm）	±50	尺量：每环3处
2	偏离衬砌中线（mm）	≤30	尺量：每环3处

6.8.3 外观质量

（1）止水带应固定牢固，无扭曲现象。

（2）止水带连接缝应平整、牢固，无裂口和脱胶现象。

（3）衬砌脱模后，若发现止水带偏离中心量较大，应适当凿除或填补部分混凝土，对止水带进行纠偏。

6.9 衬砌钢筋加固

6.9.1 基本要求

钢筋的品种、规格、形状、尺寸、数量、间距、接头位置应符合设计文件要求和现行技术标准、规范的有关规定。

6.9.2 实测项目

见表6.9.2。

表6.9.2 衬砌钢筋加固实测项目

<table>
<tr><th>项次</th><th colspan="3">检 查 项 目</th><th>规定值或允许偏差</th><th>检查方法和频率</th></tr>
<tr><td>1△</td><td colspan="3">主筋间距（mm）</td><td>±10</td><td>尺量：每20m检查5点</td></tr>
<tr><td>2</td><td colspan="3">两层钢筋间距（mm）</td><td>±5</td><td>尺量：每20m检查5点</td></tr>
<tr><td>3</td><td colspan="3">箍筋间距（mm）</td><td>±20</td><td>尺量：每20m检查5处</td></tr>
<tr><td rowspan="4">4</td><td rowspan="4">绑扎搭接长度（mm）</td><td rowspan="2">受拉</td><td>Ⅰ级钢</td><td>≥30d</td><td rowspan="4">尺量：每20m检查3个接头</td></tr>
<tr><td>Ⅱ级钢</td><td>≥35d</td></tr>
<tr><td rowspan="2">受压</td><td>Ⅰ级钢</td><td>≥20d</td></tr>
<tr><td>Ⅱ级钢</td><td>≥25d</td></tr>
<tr><td>5</td><td colspan="2">钢筋加工</td><td>-10，+5</td><td>-10，+5</td><td>尺量：每20m检查2根</td></tr>
<tr><td>6</td><td colspan="3">钢筋保护层厚度（mm）</td><td>+10，-5</td><td>钢筋位置测定仪检查：每10m 1个断面，每个断面检查3点</td></tr>
</table>

注：d为钢筋直径。

6.9.3 外观质量

应无污秽、严重锈蚀和削弱钢筋截面的伤痕。

6.10 套拱加固

6.10.1 基本要求

（1）施工前应凿除衬砌劣化部分，衬砌内面应涂抹界面剂，并设置联系钢筋，衬砌与套拱应紧密结合。

（2）材料的质量和规格应符合设计文件要求和现行技术标准、规范的有关规定。

6.10.2 实测项目

见表6.10.2。

表6.10.2 套拱实测项目

项次	检查项目	规定值或允许偏差	检查方法和频率
1△	套拱厚度（mm）	±10	激光断面仪或钢尺：每10m检查1个断面
2△	混凝土强度	在合格标准内	按附录D检查
3	有肋套拱肋间距（mm）	±50	尺量：每10m检测3点
4	钢筋间距（mm）	±10	尺量：每10m检测5点
5	平整度（mm）	≤20	2m直尺：每10m每侧检测2处
6	保护层厚度（mm）	不小于设计值	钢筋位置测定仪检查：每10m检查1个断面，每个断面检查3点

6.10.3 外观质量

（1）套拱与衬砌应结合牢固。

（2）混凝土表面应密实，无裂缝、无污染等现象。每延米的隧道面积中，蜂窝、麻面和气泡面积不应超过1%，蜂窝、麻面深度不应超过5mm。

7 交通安全设施养护工程

7.1 一般规定

7.1.1 交通安全设施应完好、功能齐全，损坏或功能不符合要求的交通安全设施应按不低于原设计要求进行修复或更换。

7.1.2 交通安全设施产品须经检测确认合格后方可使用。

7.1.3 利用原有材料修复交通安全设施时，经检验符合设计要求后方可使用；仅需进行防腐处理的钢构件，经处理满足设计文件要求后方可继续使用。

7.1.4 新增交通安全设施，应按现行《公路工程质量检验评定标准 第一册 土建工程》（JTG F80/1）进行质量检验评定；对原有交通安全设施进行改造、维修的养护工程则按照本标准进行质量检验评定。

7.1.5 本标准未包括的其他交通安全设施工程项目，应根据设计文件和其他相关规范进行质量检验评定。

7.1.6 零星、局部维修所用材料、施工工艺应符合现行技术标准、规范的有关规定。

7.2 交通标志

7.2.1 基本要求

（1）标志板的制作应符合现行《道路交通标志和标线》（GB 5768）、《道路交通标志板及支撑件》（GB/T 23827）、《道路交通反光膜》（GB/T 18833）的相关规定，安装应符合设计文件和其他相关规范要求。

（2）标志结构变更、制作、施工应符合设计文件要求和现行技术标准、规范的有关规定。

（3）钢构件的焊接部分应符合现行《钢结构焊接规范》（GB 50661）的质量要求，并应作防腐处理。

（4）标志移位应按照设计文件要求及相关技术规范实施，大型标志地基承载力应符合设计文件要求。

（5）标志板局部更换反光膜宜选用相同等级、相同品牌的反光膜。

7.2.2 实测项目

见表7.2.2。

表7.2.2 交通标志实测项目

项次	检 查 项 目	规定值或允许偏差	检查方法和频率
1△	标志面反光膜等级及逆反射系数（$cd \cdot lx^{-1} \cdot m^{-2}$）	反光膜等级符合设计要求；逆反射系数值不低于现行《道路交通反光膜》（GB/T 18833）的规定	反光膜等级用目测初定；标志逆反射测试仪：全部
2	标志板下缘至路面净空高度（mm）	+100，0	直尺、水平尺或经纬仪：全部
	标志板内侧距路肩边线距离（mm）	+100，0	直尺、水平尺或经纬仪：全部

7.2.3 外观质量

（1）标志板安装后应平整，安装角度应适宜，标志板底色和字符应清晰、颜色均匀、明暗均匀、认读性强。

（2）标志板信息不得被植物或其他构造物遮挡，标志板设置间隔距离不宜小于60m，各标志板应采用互不遮挡的支撑结构形式。

7.3 路面标线

7.3.1 基本要求

（1）路面标线材料应符合现行《路面标线涂料》（JT/T 280）及《路面标线用玻璃珠》（GB/T 24722）的有关规定，局部补划路面标线所用材料宜与相邻路段一致。

（2）标线的颜色及形状应符合设计文件要求和现行《道路交通标志和标线》（GB 5768）的有关规定。

（3）雨、雪、沙尘、强风及气温低于10℃的天气，不得进行热熔标线施工作业。

（4）路面标线施划前，应清洁路面，路表面应干燥、无起灰现象。复划标线前，基底原路面标线的清除应符合设计文件要求。

（5）路面标线宜在通车前检测，通车后检测可按现行《道路交通标线质量要求和检测方法》（GB/T 16311）评定。

7.3.2 实测项目

局部标线补划实测项目见表7.3.2，新划标线实测项目按现行《公路工程质量检验评定标准 第一册 土建工程》（JTG F80/1）执行。

表7.3.2 路面标线实测项目

项次	检查项目		规定值或允许偏差	检查方法和频率
1△	标线厚度（mm）	常温型（0.12~0.2）	-0.03，+0.10	湿膜用厚度计，干膜用水平尺、塞尺、卡尺或其他设备：抽检10%； 预成型标线带用卡尺：抽检10%
		加热型（0.20~0.4）	-0.05，+0.15	
		热熔型（1.0~4.50）	-0.10，+0.50	
2△	反光标线逆反射亮度系数（$cd \cdot lx^{-1} \cdot m^{-2}$）		白色标线≥150； 黄色标线≥100	反光标线逆反射系数测量仪：抽检10%
3	新旧标线接头处	纵向错台（mm）	≤5	直尺：抽检10%
		横向偏位（mm）	≤0.5	

7.3.3 外观质量

（1）标线线形应流畅，与道路线形相协调，曲线应圆滑，颜色应均匀，应具有良好视认性。

（2）标线表面不应出现网状裂缝、断裂裂缝和起泡现象，标线边缘应无明显毛边。

7.4 波形梁钢护栏

7.4.1 基本要求

（1）波形梁护栏产品应符合现行《公路波形梁钢护栏》（JT/T 281）和《公路三波形梁钢护栏》（JT/T 457）或《波形梁钢护栏 第1部分：两波形梁钢护栏》（GB/T 31439.1）和《波形梁钢护栏 第2部分：三波形梁钢护栏》（GB/T 31439.2）的有关规定，并满足设计文件要求。

（2）护栏立柱、波形梁、防阻块及托架的安装应符合设计文件要求和现行技术标准、规范的有关规定。

（3）波形梁护栏的端头处理及桥梁护栏过渡段的处理应符合设计文件要求。

（4）所有构件不应因运输、施工造成防腐层的损伤。

（5）采用外套筒加高处理时，套筒应采用工厂预制，套筒与原立柱的搭接长度应符合设计文件要求；采用焊接连接时，套筒焊接工艺应符合设计文件要求；采用螺栓连接时，应采用机械钻孔方式对原立柱现场开孔，开孔大小应符合设计文件要求。

7.4.2 实测项目

见表7.4.2。

表7.4.2 波形梁钢护栏实测项目

<table>
<tr><th>项次</th><th>检 查 项 目</th><th colspan="3">规定值或允许偏差</th><th>检查方法和频率</th></tr>
<tr><td>1△</td><td>波形梁板基底金属厚度（mm）</td><td colspan="3">符合设计要求</td><td>磁性测厚仪、千分尺等：抽检每公里护栏板块数的5%</td></tr>
<tr><td>2△</td><td>立柱壁厚（mm）</td><td colspan="3">符合设计要求</td><td>磁性测厚仪、千分尺等：抽检每公里立柱根数的5%</td></tr>
<tr><td>3△</td><td>立柱埋入深度（mm）</td><td colspan="3">不小于设计值</td><td>过程检查，钢卷尺：抽检10%</td></tr>
<tr><td>4△</td><td>横梁中心高度（mm）</td><td colspan="3">±20</td><td>钢直尺：抽检10%</td></tr>
<tr><td>5</td><td>拼接螺栓（45号钢）抗拉强度（MPa）</td><td colspan="3">≥600</td><td>抽样做拉力试验：每批3组</td></tr>
<tr><td>6</td><td>立柱开孔（mm）</td><td colspan="3">+1，-0.5</td><td>千分尺等：抽检每公里立柱根数的5%</td></tr>
<tr><td>7</td><td>套筒与原立柱的搭接长度（mm）</td><td colspan="3">符合设计要求</td><td>尺量：抽检5%</td></tr>
<tr><td>8</td><td>焊缝尺寸（mm）</td><td colspan="3">符合设计要求</td><td>尺量：抽检5%</td></tr>
<tr><td rowspan="4">9</td><td rowspan="4">拼接螺栓紧固程度</td><td>螺栓类型</td><td>螺栓直径（mm）</td><td>扭矩值（N·m）</td><td rowspan="4">扭力扳手：抽检螺栓总数的0.5%</td></tr>
<tr><td rowspan="2">普通螺栓</td><td>M16</td><td>≥60</td></tr>
<tr><td>M20</td><td>≥95</td></tr>
<tr><td colspan="2">高强螺栓</td><td>≥315</td></tr>
</table>

注：表中的实测项目根据立柱加高的方式选择检查项目。

7.4.3 外观质量

（1）直线段护栏应顺直，不得有明显的凹凸、起伏现象；曲线段护栏应圆滑顺畅，与道路线形应协调一致；中央分隔带开口端头护栏的线形应与设计图相符。

（2）波形梁板应顺行车方向搭接平顺，垫圈应齐备，螺栓应紧固。

（3）防阻块、托架、端头、套筒的安装应符合设计文件要求，安装到位，不得有明显变形、扭转、倾斜。

（4）套筒焊接处焊缝应平整，无焊渣和突起。

7.5 混凝土护栏

7.5.1 基本要求

（1）混凝土护栏的防撞等级和路侧最小设置长度应符合现行《公路交通安全设施设计规范》（JTG D81）和《高速公路交通工程及沿线设施设计通用规范》（JTG D80）的有关规定。

（2）混凝土护栏修补使用的混凝土强度等级不得低于原设计强度等级。

7.5.2 实测项目

见表7.5.2。

表7.5.2 混凝土护栏实测项目

项次	检 查 项 目	规定值或允许偏差	检查方法和频率
1△	护栏混凝土强度（MPa）	在合格标准内	按附录D或回弹法检查
2	新旧混凝土交界处高差（mm）	≤4	钢直尺：每100m测3处

7.5.3 外观质量

混凝土护栏外观应均匀一致，表面的蜂窝、麻面、小气孔、裂纹、脱皮、石子外露和缺边掉角等缺陷面积不得超过构件表面积的0.5%，缺陷深度不得超过10mm。

7.6 突起路标、轮廓标、防眩设施、隔离栅和防落网

突起路标、轮廓标、防眩设施、隔离栅和防落网的基本要求、实测项目和外观质量均应按现行《公路工程质量检验评定标准 第一册 土建工程》（JTG F80/1）的有关规定执行。

附录 A　单位、分部及分项养护工程的划分

对于工程量较大的、工程内容较为齐全的公路养护工程项目，单位、分部及分项养护工程的划分应按附表 A 执行。

附表 A　单位、分部及分项养护工程的划分

单位工程	分部工程	分项工程
路面养护工程（每 10km 或每标段）	路面工程（1～3km 路段）	水泥混凝土面层，沥青混凝土面层，微表处和稀浆封层，雾封层和还原剂封层，沥青路面超薄磨耗层，沥青路面就地热再生，厂拌冷再生基层，水泥混凝土基层，沥青混合料基层，水泥稳定粒料基层和底基层，级配碎石基层和底基层，水泥混凝土路面局部修补，水泥混凝土路面换板，水泥混凝土路面板底注浆，沥青路面局部挖补，沥青路面灌缝、粘缝，路缘石，路肩
	局部挖补或零星养护工程（按工程量大小划分 5000～10000m^2）	基层，面层，局部挖补，水泥混凝土路面局部修补，水泥混凝土路面换板，灌缝和粘缝等
桥梁养护工程	桥面系及上部构造	桥面铺装，钢筋和预应力筋加工、安装及张拉，支座更换，伸缩装置更换，裂缝处理，混凝土表层缺陷修复，梁体复位，梁体顶升，体外预应力加固，粘贴钢板加固，粘贴纤维复合材料加固，预应力锚杆加固，植筋，斜拉索调整更换，吊杆更换，钢结构防腐，混凝土护栏和混凝土防撞墙
	下部构造	预应力筋的加工和张拉，预应力锚杆加固，钢筋加工及安装，植筋，混凝土表层缺陷修复，裂缝处理
隧道养护工程	结构	衬砌背面压（注）浆，衬砌钢筋网支护，混凝土衬砌更换，喷射混凝土支护，锚杆支护，防水层修补，止水带安装，衬砌钢筋加固，套拱加固
交通安全及沿线设施养护工程	标志、标线	交通标志，路面标线
	防护设施	波形梁钢护栏，混凝土护栏

对工程量较小、工程内容较简单的公路养护工程项目，可将每个施工合同的工程内容作为一个单位工程，不设分部工程而直接划分为若干分项工程。

附录 B　路面压实度评定

B. 0. 1　路面基层、底基层的压实度应以重型击实标准为准；沥青层压实度应以现行《公路沥青路面施工技术规范》（JTG F40）的规定为准。

B. 0. 2　标准密度应作平行试验，求其平均值作为现场检验的标准值。对于均匀性差的路面结构层材料，应根据实际情况增补标准密度试验，求得相应的标准值，以控制和检验施工质量。

B. 0. 3　路面压实度应以 1～3km 长的路段或单位工程为检验评定单元，按本标准有关检测频率进行现场压实度抽样检查，求算每一测点的压实度 K_i。路面结构层压实度检查可采用挖坑灌砂法或水袋法或钻芯法。应用核子密度仪时，应经对比试验检验，确认其可靠性。

检验评定段的压实度代表值 K（算术平均值的下置信界限）应按下式计算：

$$K = \bar{k} - \frac{t_\alpha}{\sqrt{n}}S \geqslant K_0$$

式中：$\bar{k}$——检验评定段内各测点压实度的平均值（%）；

t_α——t 分布表中随测点数和保证率（或置信度 α）而变的系数，t_α 取值见附表 B. 0. 3；采用的保证率为基层、底基层 99%，路面面层 95%；

S——检测值的标准差（%）；

n——检测点数；

K_0——压实度标准值（%）。

基层、底基层应满足 $K \geqslant K_0$，且当单点压实度 K_i 全部大于或等于规定值减去 2 个百分点时，判定该评定路段的压实度合格率为 100%；当 $K \geqslant K_0$，且当单点压实度 K_i 全部大于或等于规定极值时，应按测定值不低于规定值减去 2 个百分点的测点数计算合格率。

当 $K < K_0$ 或某一单点压实度 K_i 小于规定极值时，判定该评定路段压实度为不合格，相应分项工程评为不合格。

沥青面层应满足当 $K \geqslant K_0$，且当全部测点大于或等于规定值减去 1 个百分点时，评定路段的压实度合格率为 100%；当 $K \geqslant K_0$ 时，应按测定值不低于规定值减去 1 个百分点的测点数计算合格率。

当 $K<K_0$ 时，判定该评定路段的压实度为不合格，相应分项工程评为不合格。

附表 B. 0. 3　$t_\alpha/\sqrt{n}$ 值

保证率 n	99%	95%	90%	保证率 n	99%	95%	90%
2	22. 501	4. 465	2. 176	21	0. 552	0. 376	0. 289
3	4. 021	1. 686	1. 089	22	0. 537	0. 367	0. 282
4	2. 270	1. 177	0. 819	23	0. 523	0. 358	0. 275
5	1. 676	0. 953	0. 686	24	0. 51	0. 350	0. 269
6	1. 374	0. 823	0. 603	25	0. 498	0. 342	0. 264
7	1. 188	0. 734	0. 544	26	0. 487	0. 335	0. 258
8	1. 060	0. 670	0. 500	27	0. 477	0. 328	0. 253
9	0. 966	0. 620	0. 466	28	0. 467	0. 322	0. 248
10	0. 892	0. 580	0. 437	29	0. 458	0. 316	0. 244
11	0. 833	0. 546	0. 414	30	0. 449	0. 310	0. 239
12	0. 785	0. 518	0. 393	40	0. 383	0. 266	0. 206
13	0. 744	0. 494	0. 376	50	0. 340	0. 237	0. 184
14	0. 708	0. 473	0. 361	60	0. 308	0. 216	0. 167
15	0. 678	0. 455	0. 347	70	0. 285	0. 199	0. 155
16	0. 651	0. 438	0. 335	80	0. 266	0. 186	0. 145
17	0. 626	0. 423	0. 324	90	0. 249	0. 175	0. 136
18	0. 605	0. 410	0. 314	100	0. 236	0. 166	0. 129
19	0. 586	0. 398	0. 305	>100	$2.3265/\sqrt{n}$	$1.6449/\sqrt{n}$	$1.2815/\sqrt{n}$
20	0. 568	0. 387	0. 297				

附录C 水泥混凝土弯拉强度评定

C.0.1 混凝土弯拉强度试验方法应使用标准小梁法或钻芯劈裂法，试件应使用标准方法制作，标准养生龄期应为28d。检查频率应为每200m^{3}混合料制作1组试件，每工作班至少制作2组，应以每组3个试件的平均值作为一个统计数据。

C.0.2 混凝土弯拉强度的合格标准

（1）试件组数大于10时，平均弯拉强度合格判断式应为：

$$f_{cs} \geqslant f_r + K\sigma$$

式中：f_{cs}——混凝土合格判定平均弯拉强度（MPa）；

f_r——设计弯拉强度标准值（MPa）；

K——合格判定系数，见附表C.0.2；

σ——强度标准差（MPa）。

附表C.0.2 合格判定系数

试件组数 n	11~14	15~19	≥20
合格判定系数 K	0.75	0.70	0.65

当试件组数为11~19组时，允许有一组最小弯拉强度f_{min}小于0.85f_r，但不得小于0.80f_r。当试件组数大于或等于20组时，高速公路和一级公路最小弯拉强度f_{min}不得小于0.85f_r；其他公路允许有一组最小弯拉强度f_{min}小于0.85f_r，但不得小于0.80f_r。

（2）试件组数等于或少于10组时，试件平均强度不得小于1.15f_r，任一组强度均不得小于0.85f_r。

C.0.3 当用标准小梁法判定平均弯拉强度f_{cs}和最小弯拉强度f_{min}中有一个不符合上述要求时，应在不合格路段每公里每车道钻取3个以上ϕ150mm的芯样，实测劈裂强度，通过各自工程的经验统计公式换算弯拉强度，以此判定平均弯拉强度f_{cs}和最小值f_{min}，其值均应合格，否则，应返工重铺。

C.0.4 实测项目中，当水泥混凝土弯拉强度评为不合格时，相应分项工程应评为不合格。

附录D 水泥混凝土抗压强度评定

D.0.1 评定水泥混凝土的抗压强度，应以标准养生28d龄期的试件为准。试件为边长150mm的立方体，3个试件为1组。制取组数应符合本标准各分项实测项目中相应项次的规定；当实测项目中对此未予明确时，制取组数应符合下列规定：

（1）不同强度等级及不同配合比的混凝土应在浇筑地点或拌和地点分别随机制取试件。

（2）浇筑一般体积的结构物（如基础、墩台等）时，每一单元结构物应制取2组。

（3）连续浇筑大体积结构时，每80～200m^3或每一工作班应制取2组。

（4）桥梁上部结构的各主要构件，长16m以下的应制取1组，16～30m的应制取2组，31～50m的应制取3组，50m以上的应制取至少5组；小型构件每批或每一工作班应制取至少2组。

（5）钻孔桩每根或每工作班应制取至少2组，桩长20m以上的应制取至少3组。

（6）标志的混凝土基础，每40m^3应制取2组，且每一工作班应制取至少2组。

（7）里程碑、百米桩、界桩、各类护栏、混凝土护墩、隔离墩、轮廓标和隔离栅等交通安全及沿线设施的小型混凝土基础，每一工作班应制取至少2组。

（8）应根据施工需要，另制取几组与结构物同条件养生的试件，作为拆模、吊装、张拉预应力、承受荷载等施工阶段的强度依据。

D.0.2 水泥混凝土抗压强度的合格标准

（1）试件大于或等于10组时，应以数理统计方法按下述条件评定：

$$\bar{f}_{cu} \geqslant f_{cu,k} + k_1 S_n$$

$$f_{cu,min} \geqslant k_2 f_{cu,k}$$

$$S_n = \sqrt{\frac{\sum_{i=1}^{n} f_{cu,i}^2 - n\bar{f}_{cu}^2}{n-1}}$$

上述式中：n——同批混凝土试件组数；

$\bar{f}_{cu}$——同批n组试件强度的平均值（MPa）；

S_n——同批n组试件强度的标准差（MPa），当S_n<2.5MPa时，取S_n=2.5MPa；

$f_{cu,k}$——混凝土设计强度等级（MPa）；

$f_{cu,i}$——第i组混凝土的抗压强度（MPa）；

$f_{cu,min}$——n 组试件中强度最低抗压强度（MPa）；

k_1、k_2——合格判定系数，见附表 D.0.2。

附表 D.0.2　k_1、k_2 的值

试件组数 n	10～14	15～19	≥20
k_1	1.15	1.05	0.95
k_2	0.9	0.85	

（2）试件小于 10 组时，可用非统计方法按下述条件进行评定：

$$\bar{f}_{cu} \geq 1.15 f_{cu,k} \qquad (\text{不大于 C60})$$

$$\bar{f}_{cu} \geq 1.10 f_{cu,k} \qquad (\text{大于 C60})$$

$$f_{cu,min} \geq 0.95 f_{cu,k}$$

上述式中：各物理量含义同前。

D.0.3　实测项目中，水泥混凝土抗压强度评为不合格时，相应分项工程应评为不合格。

附录 E 路面横向力系数评定

E. 0. 1 路面横向力系数检测可采用《公路路基路面现场测试规程》（JTG E60）中的“单轮式横向力系数测试系统测定路面摩擦系数试验方法”（T 0965）或“双轮式横向力系数测试系统测定路面摩擦系数试验方法”（T 0967），以每 1km 长的路段或单位工程为检验评定路段，全线连续、每车道每 20m 测 1 点。

每评定路段的测点不宜超过 100 点。

E. 0. 2 SFC 代表值为 SFC 算术平均值的下置信界限值，即

$$SFC_r = \overline{SFC} - \frac{t_\alpha}{\sqrt{n}}S$$

式中：SFC_r——SFC 代表值；

$\overline{SFC}$——SFC 平均值；

S——标准差；

n——采集数据样本数量；

t_α——t 分布中随测点数和保证率（或置信度）而变的系数，保证率为 95%，可查附表 B. 0. 3。

E. 0. 3 当 SFC 代表值不小于设计或验收标准时，应以所有单个 SFC 值统计合格率；当 SFC 代表值小于设计或验收标准时，相应分项工程应评为不合格。

E. 0. 4 当采用双轮式横向力系数测试系统测定路面摩擦系数时，应建立与侧向力型（SCRIM）系统的相关关系，并换算为 SFC 值。

附录F　水泥砂浆强度评定

F.0.1　评定水泥砂浆强度，应采用《公路工程水泥及水泥混凝土试验规程》（JTG E30）中的“水泥砂浆立方体抗压强度试验方法”（T 0570），以标准养生28d的试件为准。

试件应为边长70.7mm的立方体，6个试件为1组。不同强度等级及不同配合比的水泥砂浆应分别随机制取试件，制取组数应符合下列规定：

（1）重要及主体砌筑物，每一工作班制取2组。

（2）一般及次要砌筑物，每一工作班可制取1组。

（3）拱圈砂浆应同时制取与砌体同条件养生试件，以检查各施工阶段强度。

F.0.2　水泥砂浆强度的合格标准

（1）同强度等级试件的平均强度不得低于设计强度等级。

（2）任意一组试件的强度最低值不得低于设计强度等级的75%。

F.0.3　实测项目中，水泥砂浆强度评为不合格时，相应分项工程应评为不合格。

附录 G　半刚性基层和底基层材料强度评定

G. 0. 1　评定半刚性基层和底基层材料强度，应以规定温度下保湿养生 6d、浸水 1d 后的 7d 无侧限抗压强度为准；试验方法应采用现行《公路工程无机结合料稳定材料试验规程》（JTG E51）中的“无机结合料稳定土的无侧限抗压强度试验方法”（T 0805）。

G. 0. 2　应在现场按规定频率取样，按工地预定达到的压实度制备试件。每 2000m^2 或每一工作班制备 1 组试件：无论是稳定细粒式、中粒式或粗粒式，当多次偏差系数 $C_v<10\%$ 时，可为 6 个试件；$C_v=10\%\sim15\%$ 时，可为 9 个试件；$C_v>15\%$ 时，应为 13 个试件。

试件的平均强度$\overline{R}$应满足下式要求：

$$\overline{R}\geqslant\frac{R_d}{1-Z_\alpha C_v}$$

式中：R_d——设计抗压强度（MPa）；

C_v——试验结果的偏差系数（以小数计）；

Z_α——标准正态分布表中随保证率而变的系数，保证率为 95% 时，$Z_\alpha=1.645$。

G. 0. 3　评定路段内半刚性材料强度评为不合格时，相应分项工程应评为不合格。

附录 H 路面结构层厚度评定

H. 0. 1 路面结构层厚度应以 1 ~3km 长的路段或单位工程为检验评定单元，按代表值和单个合格值的允许偏差进行评定。

H. 0. 2 按规定频率，采用挖坑、钻芯或雷达法测定厚度。

H. 0. 3 厚度代表值应为厚度的算术平均值的下置信界限值，即

$$X_{\mathrm{L}} = \overline{X} - t_{\alpha}\frac{S}{\sqrt{n}}$$

式中：X_{L}——厚度代表值（mm）；

$\overline{X}$——厚度平均值（mm）；

S——标准差（mm）；

n——检查数量；

t_{α}——t 分布表中随测点数和保证率（或置信度）而变的系数，可查附表 B. 0. 3；采用的保证率为基层、底基层 99%，面层 95%。

H. 0. 4 基层、底基层、水泥混凝土面层、新施工大于两层的沥青混凝土面层厚度评定时，当厚度代表值大于或等于设计厚度减去代表值允许偏差时，应按单个检查值的偏差不超过单点合格值来计算合格率；当厚度代表值小于设计厚度减去代表值允许偏差时，相应分项工程应评为不合格。

厚度代表值和单点合格值的允许偏差见第 4 章各节实测项目表。

H. 0. 5 沥青面层一般可按沥青养护维修铺筑层总厚度进行评定，分 2 层或 3 层铺筑时，还应进行上面层厚度检查和评定。

H. 0. 6 沥青面层施工不超过两层时，沥青路面总厚度、上面层厚度均应按平均值和合格值进行评定。当总厚度或上面层厚度平均值大于或等于设计值减去允许偏差时，应按单个检查值的偏差不超过单点合格值来计算合格率；当总厚度或上面层厚度平均值小于设计值减去允许偏差时，相应分项工程应评为不合格。

附录I　基层、沥青路面弯沉值评定

I.0.1　柔性基层和沥青路面的弯沉值检测可采用现行《公路路基路面现场测试规程》（JTG E60）中的“贝克曼梁测定路基路面回弹弯沉试验方法”（T 0951）、“自动弯沉仪测定路面弯沉试验方法”（T 0952）或“落锤式弯沉仪测定弯沉试验方法”（T 0953），以每1km长的路段或单位工程为检验评定路段。采用自动弯沉仪或落锤式弯沉仪检测弯沉时，应建立与贝克曼梁检测结果的相关关系，并换算为贝克曼梁弯沉值。

I.0.2　弯沉检测频率应为每1km双车道测80～100点。每评定路段的测点不宜超过100点。

I.0.3　评定路段的弯沉代表值应为弯沉测量值的上波动界限，用下式计算：

$$l_r = \bar{l} + Z_\alpha S$$

式中：l_r——弯沉代表值（0.01mm）；

$\bar{l}$——实测弯沉的平均值（0.01mm）；

S——标准差（0.01mm）；

Z_α——与要求保证率有关的系数，沥青面层 Z_α 取1.645，路基 Z_α 取2.0。

I.0.4　当柔性基层、底基层的弯沉代表值不符合设计要求时，可将超出 $\bar{l}\pm(2\sim3)S$ 的弯沉特异值舍弃，重新计算平均值和标准差。对舍弃的弯沉值大于 $\bar{l}+(2\sim3)S$ 的点，应找出其周围界限，进行局部处理。

用两台弯沉仪同时进行左右轮弯沉值测定时，应按两个独立测点计，不得采用左右两点的平均值。

I.0.5　弯沉代表值大于设计要求的弯沉值时，相应分项工程应评为不合格。

I.0.6　测定时的路表温度对沥青面层的弯沉值有明显影响时，应进行温度修正。当沥青层厚度小于或等于50mm时，或路表温度在20℃±2℃范围内，可不进行温度修正。

若在非不利季节测定时，应考虑季节影响系数。

本标准用词说明

1　本标准执行严格程度的用词，采用下列写法：

（1）表示很严格，非这样做不可的用词：正面用词采用“必须”；反面用词采用“严禁”。

（2）表示严格，在正常情况下均应这样做的用词：正面用词采用“应”；反面用词采用“不应”或“不得”。

（3）表示允许稍有选择，在条件许可时首先应这样做的用词：正面用词采用“宜”；反面用词采用“不宜”。

（4）表示有选择，在一定条件下可以这样做的用词，采用“可”。

2　引用标准的用语采用下列写法：

（1）在标准总则中表述与相关标准的关系时，采用“除应符合本标准的规定外，尚应符合国家和行业现行相关标准的规定”。

（2）在标准条文及其他规定中，当引用的标准为国家标准和行业标准时，表述为“应符合《××××》（×××）的有关规定”。

（3）当引用本标准的其他规定时，表述为“应符合本标准第×章的有关规定”“应符合本标准第×.×节的有关规定”“应符合本标准第×.×.×条的有关规定”或“应按本标准第×.×.×条的有关规定执行”。

附件

《高速公路养护工程质量检验评定标准》

（CQJTG/T A02—2017）

条 文 说 明

1 总则

本标准的内容基本涵盖了重庆地区目前常见的高速公路养护工程土建工程项目，对所列出的养护工程土建工程项目的质量标准和检验评定标准作了明确和完整的规定。公路养护工程的性质与新建、改建工程不同，有些工程项目是养护工程所特有的，即使与新建、改建工程相同的工程项目也因工程规模、工程的原始状况和施工条件等因素的制约而具有不同的特点，工程质量验收的要求亦相应地有所不同，因此高速公路养护工程质量检验评定原则上应按本标准的有关规定执行。

本标准明确高速公路养护工程的项目管理单位、施工单位、监理单位、质量检验检测机构、质量监督机构和高速公路管理机构对高速公路养护工程质量的管理、监控和检验评定采用同一标准。

2 术语与符号

2.1.1 局部挖（修）补

路面使用过程中出现的某些病害是局部的，养护时就对原路面局部破损处进行局部挖（修）补处理，一般挖（修）补是不连续的小块，面积较小。根据工程实际情况，在本标准中将局部挖（修）补定义为：为修复路面局部病害而采用的开挖或修补面积小于 $15m^2$ 的开挖作业，每个挖（修）补块不连续。

2.1.2 顶升

百度百科中，顶升是指利用千斤顶和交替填塞的柱块，将在地面上就地拼装或灌注成型的屋盖结构逐步顶升到设计高程的施工方法。在北京市地方标准《城市轨道交通桥梁支座更换技术规程》（DB11/T 1168—2015）中，桥梁顶升是指支座取出和安装过程中采用顶升设备将桥梁上部结构沿垂直方向顶起和回落的过程。

高速公路养护工程中，桥梁支座更换、梁体复位、墩柱纠偏工作均需对梁体进行同步顶升。由于顶升的目的和施工工艺多样性，在本标准中将顶升定义为：使用顶升设备将梁体整体抬高。

3 养护工程质量评定

3.1 一般规定

3.1.1 《公路工程质量检验评定标准 第一册 土建工程》(JTG F80/1) 一直采用从分项工程、分部工程、单位工程到合同段逐级进行质量评定的方法，本标准在总结以往经验的基础上，参照《建筑工程施工质量验收统一标准》(GB 50300—2013) 的规定，明确了由施工单位对养护工程项目的单位工程、分部工程和分项工程进行划分，并报监理机构审批，确保各级工程划分的一致。本条中监理机构指监理单位或项目管理单位监理部门。

3.1.2 本条明确了施工单位进行施工质量自我评定的基本条件，即质量管理体系与制度健全并得到贯彻、施工过程需要全过程控制并加强动态管理、分项工程施工质量检验评定按本标准规定的内容进行、隐蔽工程应由监理单位验收合格后才能进行下一道工序。

3.1.7 本标准参照《公路工程质量检验评定标准 第一册 土建工程》(JTG F80/1—2017) 的工程质量评定等级方法，将养护工程质量评定等级分为合格与不合格两个等级，调整了公路工程质量检验评定方法，取消了工程质量评定评分法，采用合格率法对养护工程质量进行评定。经过对评分法和合格率法两种评定方法的对比研究分析，采用合格率法对公路工程质量的评定更为严格、刚性，可以有效减少采用评分法在质量评定过程中的人为因素。

3.2 养护工程质量检验与评定

3.2.1 本条文对分项工程质量检验评定的前提条件进行了明确，与新建工程对分项工程质量检验评定的前提条件相同。

3.2.2 本标准在每个分项工程中都有基本要求的内容，主要是从工程建设采用的原材料、半成品、成品以及关键的施工工艺几个方面进行规定，这是保证工程质量的基础条件。如果基本要求没有满足本标准的规定，其工程质量理论上就已经不合格了。

从《公路工程质量检验评定标准 第一册 土建工程》(JTG F80/1—2004) 实际

执行过程中发现：对施工单位外购的原材料、半成品和成品进场后应由谁进行确认出现了很多问题。从调研的情况看，对于原材料、半成品和成品进场后多数是由施工单位或材料供应商提供自检合格证明，这些证明没有强制要求第三方进行确认，在个别工程中出现了不合格原材料、半成品和成品进入实际工程的情况，对工程质量形成了隐患。

本标准明确提出了“施工单位外购的原材料、半成品和成品进场后应进行抽查复验，检验结果应向监理或项目管理单位报备或报验”的要求，不仅从源头上加强了对施工质量的控制，也明确了施工单位、监理或项目管理单位的责任，有利于保证工程质量。

3.2.4 检查项目质量评定应符合下列规定：

（1）《公路工程质量检验评定标准　第一册　土建工程》（JTG F80/1—2004）规定的关键项目的合格率不得低于90%（属于工厂加工制造的桥梁金属构件合格率不得低于95%，机电工程合格率为100%），且检测值不得超过规定极值，否则该检查项目为不合格。

而《公路工程质量检验评定标准　第一册　土建工程》（JTG F80/1—2017）3.2.5中项次1规定，关键项目的合格率不得低于95%（属于工厂加工制造的桥梁金属构件、机电工程合格率为100%），且检测值不得超过规定极值，否则该检查项目为不合格。

本标准结合新旧《公路工程质量检验评定标准　第一册　土建工程》（JTG F80/1），考虑到重庆高速公路养护工程的实际情况，规定关键项目的合格率不得低于95%。

（2）在本标准中，一般项目的检查项目多为几何尺寸类的项目，这些项目与涉及结构安全、耐久性的关键项目相比较，其重要性虽可以适当降低，但一般项目合格率水平的确与公路工程施工工艺以及管理水平有关。

本标准与《公路工程质量检验评定标准　第一册　土建工程》（JTG F80/1—2017）3.2.5中项次2的规定一致，且随着“五化”现代工程管理体系的推进，对公路工程施工质量的要求越来越严格，一般项目合格率标准控制在80%是可以达到的。

（5）按照现行《公路工程施工监理规范》（JTG G10—2016）的要求，对分项工程的质量评定由监理单位组织施工单位一起开展，但由于监理单位独立抽检频率比施工单位自检频率低，当评定结果出现争议时，本标准对此进行规范，要求监理单位进行补充检验，直到检验频率达到与施工单位自检频率一致，此时可以以监理单位的结果为准，采用该方式提高了本标准的可操作性。

3.2.5 本标准取消了对建设项目、合同段、单位工程、分部工程及分项工程质量使用评分法进行评定。目前，除了交通行业对公路工程质量评定采用评分法外，其他行业，比如建筑工程、铁路工程、水利工程等都根据住房和城乡建设部发布的《建筑工程施工质量验收统一标准》（GB 50300—2013），采用合格率法对工程质量进行评定。采用合格率法对工程质量进行评定，其优点是简单、直观、准确，作为标准使用具有刚性强、不宜被人为操纵的特点。因此，对于分项工程外观质量的评定无法再采用扣分的方式进行，本标准对分项工程的外观质量评定标准进行了明确规定。

3.2.6 本条文在《公路工程质量检验评定标准　第一册　土建工程》（JTG F80/1—2017）规定内容的基础上，参照国标《建筑工程施工质量验收统一标准》（GB 50300—2013）的规定，补充增加了当部分质量保证资料缺失时，应由有资质的检测机构按有关标准进行相应的实体检验或抽样试验，具有很强的实用性。

3.3　工程质量等级评定

对分项工程、分部工程、单位工程质量等级的评定，分为合格、不合格两个等级，简化了评定工作程序，且与《公路工程质量检验评定标准　第一册　土建工程》（JTG F80/1—2017）一致。

4 路面养护工程

4.1 一般规定

4.1.3 本条文对路面表层平整度的检测方法进行了规定，特别提出对收费广场、互通匝道、桥头加铺、病害处理等位置的平整度可以使用3m直尺进行检测，根据路面养护工程的特点，进一步细分了平整度的检测方法，提高了可操作性。

4.1.4 沥青路面通车后，行车带来的尘土易堵塞路面空隙，为了使沥青路面测试的渗水系数具有可比性，本标准中统一规定表层渗水系数宜在路面成型后立即测定。

随着通车时间的延长，荷载作用次数增加，沥青路面的抗滑性不断降低，其横向力系数变小，现阶段还没有交通量大小、通行次数等与横向力系数相关联的经验公式，而设计提出的横向力系数值通常是路面施工完成后通车前的抗滑值，故本条规定横向力系数宜在路面通车前及时测定。

4.1.6 本条文中提到的沥青路面加铺沥青薄层罩面（封层）的工程是指在原沥青路面上加铺微表处、稀浆封层、超薄磨耗层等项目。由于加铺层厚度较薄，主要起到增加抗滑作用，故可不检查弯沉。基层补强项目是指基层在多年行车荷载作用下，强度不满足要求，通过弯沉测试判断补强效果。基层补强连续面积不超过1000m^2，工作面小，不利于开展弯沉测试工作，本标准要求补强连续面积超过1000m^2时测试弯沉，控制整体质量。

4.1.7 本条文规定了局部破坏严重区域的处理方法及要求，使局部病害处理彻底，有利于提高路面维修质量。

基层局部破坏，其修补面积小于50m^2时，标准压路机难以碾压，使其压实度不满足规范要求，将降低工程质量。宜采用贫混凝土、沥青碎石、沥青混合料等作基层，保证修补区域的工程质量。

在沥青路面养护工程中，当工程对沥青混合料的设计要求相同，同一拌和楼又采用相同原材料生产混合料时，可将同一混合料配合比设计资料用于不同工程项目。这样不会影响沥青混合料的质量，又可减少由于材料和技术要求相同所设计的沥青混合料配合比基本相同而导致花费时间和资金的问题。

4.2 水泥混凝土面层

4.2.1 基本要求

（1）基层的质量直接影响水泥混凝土面层的使用质量和寿命，水泥混凝土面层的损坏往往是由基层损坏所引起的。因此，在修复损坏的水泥混凝土面层前，应对原有基层进行检验，损坏的基层或强度达不到要求的基层均应按设计要求修复，经测试符合设计文件要求后方可进行面层施工。

（3）针对混凝土拌和中由于水泥强度不稳定或堆放条件差、时间长等原因而影响水泥强度、造成水泥混凝土路面质量不稳定的可能，强调施工拌和水泥混凝土时应根据现场测定水泥的实际强度进行混凝土施工配合比设计。

（5）纵缝的拉力杆、横缝的传力杆在混凝土板块翻修中被损坏的，应按设计要求修复，检查拉力杆和传力杆设置的位置和数量。

（8）应加强水泥混凝土路面的养护工作，若养护不到位，易开裂，混凝土板不允许有纵、横向贯穿裂缝。

4.2.2 实测项目

本条文对水泥混凝土面层的实测项目、检查项目的规定值或允许偏差、检查方法和频率做了规定，与行业标准和地方标准的比较见表 4-1。大多数指标的要求与现行交通行业标准和地方标准一致。

表 4-1 “水泥混凝土面层实测项目”本标准与国内现行技术标准差异对比

<table>
<tr><td rowspan="2">项次</td><td colspan="2">指 标</td><td>本 标 准</td><td>《公路工程质量检验评定标准 第一册 土建工程》（JTG F80/1—2004）</td><td>《高速公路大中修工程质量检验评定规范》（DB33/T 956—2015）</td><td>《高速公路大中修工程质量检验评定》（DB32/T 945—2006）</td><td>《高速公路养护工程质量检验评定标准》（DB13/T 1018—2009）</td><td>《公路大中修工程质量检验评定标准》（SZ-24—2006）</td></tr>
<tr><td colspan="2">检查项目</td><td colspan="6">规定值或允许偏差</td></tr>
<tr><td>1△</td><td colspan="2">弯拉强度（MPa）</td><td>在合格标准内</td><td>在合格标准之内</td><td>不小于设计</td><td>在合格标准之内</td><td>在合格标准之内</td><td>在合格标准之内</td></tr>
<tr><td rowspan="2">2△</td><td rowspan="2">板厚度（mm）</td><td>代表值</td><td>-5</td><td>-5</td><td>-5</td><td>-5</td><td>-5</td><td>-5</td></tr>
<tr><td>合格值</td><td>-10</td><td>-10</td><td>-10</td><td>-10</td><td>-10</td><td>-10</td></tr>
<tr><td rowspan="3">3</td><td rowspan="3">平整度</td><td>IRI（m/km）</td><td>≤2.2</td><td>≤2.0</td><td>—</td><td>≤2.0</td><td>≤2.0</td><td>—</td></tr>
<tr><td>σ（mm）</td><td>≤1.32</td><td>≤1.2</td><td>—</td><td>≤1.2</td><td>≤1.2</td><td>—</td></tr>
<tr><td>h（mm）</td><td>≤5</td><td>—</td><td>5</td><td>3</td><td>—</td><td>3</td></tr>
</table>

续表 4-1

项次	指标		本标准	《公路工程质量检验评定标准 第一册 土建工程》（JTG F80/1—2004）	《高速公路大中修工程质量检验评定规范》（DB33/T 956—2015）	《高速公路大中修工程质量检验评定》（DB32/T 945—2006）	《高速公路养护工程质量检验评定标准》（DB13/T 1018—2009）	《公路大中修工程质量检验评定标准》（SZ-24—2006）
	检查项目		规定值或允许偏差					
4	抗滑构造深度（mm）		一般路段：0.7～1.1；特殊路段：0.8～1.2	一般路段不小于0.7且不大于1.1；特殊路段不小于0.8且不大于1.2	一般路段不小于0.7且不大于1.1；特殊路段不小于0.8且不大于1.2	一般路段不小于0.7且不大于1.1；特殊路段不小于0.8且不大于1.2	一般路段不小于0.7且不大于1.1；特殊路段不小于0.8且不大于1.2	0.8
5	相邻板高差（mm）	新板	≤2	≤2	—	≤2	≤2	≤2
		旧板	≤3	—	—	≤3	≤3	≤3
6	纵、横缝顺直度（mm）		≤10	≤10	≤10	≤10	≤10	≤10
7	路面宽度（mm）		±20	±20	—	±20	±20	±20
8	纵断高程（mm）		±10	±10	—	±10	±10	±10
9	横坡（%）	新板	±0.2	±0.15	±0.15	±0.2	±0.2	±0.2
		旧板	±0.3	—	—	±0.3	±0.3	±0.3

其中路面平整度 IRI 和 σ 指标规定值与将实施的《公路工程质量检验评定标准》（JTG F80/1—2017）一致，另外，路面平整度指标中采用最大间隙 h 的规定值为5mm，主要是连续施工少于1km的路段、收费广场、互通匝道、桥头加铺、病害处理部位，由于施工段较短，施工时平整度难以控制，且难用连续式平整度仪测试，可采用3m直尺测试，结合这类养护工程质量控制的水平，故规定最大间隙 h 不大于5mm为合格，与浙江省地方标准《高速公路大中修工程质量检验评定规范》（DB33/T 956—2015）的规定一致。

4.2.3 外观质量

混凝土板的断裂属路面质量不合格问题，应作返工处理。混凝土板表面脱皮、印痕、裂缝、石子外露和缺边掉角、纹理深度不足、填缝不饱满等缺陷，影响美观、行车安全和使用寿命，应及时处理。

4.3 沥青混凝土面层

4.3.1 基本要求

（2）矿料质量、矿料级配、沥青质量是沥青路面质量的基本保证，应从严要求。

（3）养护工程沥青混凝土面层可采用新拌沥青混合料、厂拌热再生沥青混合料来铺筑。本条规定了再生沥青混合料的配合比设计方法和施工过程的检测内容，有利于养护工程采用厂拌热再生混合料做沥青混凝土面层，提高资源利用率。

4.3.2 实测项目

本条对沥青混凝土面层的实测项目、检查项目的规定值或允许偏差、检查方法和频率做了规定，与行业标准和地方标准的比较见表4-2。大多数指标的要求与现行交通行业标准和地方标准一致。

表4-2 “沥青混凝土面层实测项目”本标准与国内现行技术标准差异对比

项次	指 标		本 标 准		《公路工程质量检验评定标准 第一册 土建工程》（JTG F80/1—2004）	《高速公路大中修工程质量检验评定规范》（DB33/T 956—2015）		《高速公路大中修工程质量检验评定》（DB32/T 945—2006）	《高速公路养护工程质量检验评定标准》（DB13/T 1018—2009）	《公路大中修工程质量检验评定标准》（SZ-24—2006）
	检查项目		规定值或允许偏差			规定值或允许偏差		规定值或允许偏差		
						罩面	封层			
1△	压实度（%）		试验室标准密度的96%（＊98%），最大理论密度的92%（＊94%），试验段密度的98%（＊99.5%）		试验室标准密度的96%（＊98%），最大理论密度的92%（＊94%），试验段密度的98%（＊99%）	试验室标准密度的96%（＊98%），最大理论密度的92%（＊94%）	—	试验室标准密度的96%（＊98%），最大理论密度的92%（＊94%）	试验室标准密度的96%（＊98%），最大理论密度的92%（＊94%），试验段密度的98%（＊99%）	≥96（98）
2	平整度	施工层数	单层	多层	—	—	—	—	—	—
		σ（mm）	≤1.3	≤1.2	≤1.2	≤1.5	≤2.5	≤1.2	≤1.2	≤1.2
		IRI（m/km）	≤2.2	≤2.0	≤2.0	≤2.5	≤4.2	≤2.0	≤2.0	≤2.0
		h（mm）	3.0（接缝处5）		—	—	—	3	3	2（2.5）

续表 4-2

<table>
<tr><td rowspan="3">项次</td><td colspan="2">指　　标</td><td>本　标　准</td><td>《公路工程质量检验评定标准 第一册 土建工程》（JTG F80/1—2004）</td><td colspan="2">《高速公路大中修工程质量检验评定规范》（DB33/T 956—2015）</td><td>《高速公路大中修工程质量检验评定》（DB32/T 945—2006）</td><td>《高速公路养护工程质量检验评定标准》（DB13/T 1018—2009）</td><td>《公路大中修工程质量检验评定标准》（SZ-24—2006）</td></tr>
<tr><td colspan="2" rowspan="2">检查项目</td><td colspan="2" rowspan="2">规定值或允许偏差</td><td colspan="2">规定值或允许偏差</td><td colspan="3" rowspan="2">规定值或允许偏差</td></tr>
<tr><td>罩面</td><td>封层</td></tr>
<tr><td>3</td><td colspan="2">弯沉值（0.01mm）</td><td>不大于原路面验收值</td><td>符合设计要求</td><td>符合设计要求</td><td>—</td><td>符合设计要求</td><td>符合设计要求</td><td>符合设计要求</td></tr>
<tr><td rowspan="2">4</td><td rowspan="2">渗水系数（mL/min）</td><td>SMA路面</td><td>≤80</td><td>≤200</td><td rowspan="2">300（*200）</td><td rowspan="2">10</td><td rowspan="2">50</td><td rowspan="2">符合设计要求</td><td rowspan="2">符合设计要求</td></tr>
<tr><td>密级配路面</td><td>≤120</td><td>≤300</td></tr>
<tr><td rowspan="2">5</td><td rowspan="2">抗滑性能</td><td>SFC</td><td>≤50</td><td rowspan="2">符合设计要求</td><td>46</td><td rowspan="2">符合设计要求</td><td rowspan="2">符合设计要求</td><td rowspan="2">符合设计要求</td><td>符合设计要求</td></tr>
<tr><td>TD（mm）</td><td>符合设计要求</td><td>0.54</td><td>—</td></tr>
<tr><td rowspan="4">6△</td><td rowspan="4">厚度（mm）</td><td rowspan="2">代表值</td><td>总厚度：平均值不小于设计值</td><td>总厚度：设计值的－5%</td><td>—</td><td>—</td><td>总厚度：设计值的－5%</td><td>总厚度：设计值的－5%</td><td>总厚度：设计值的－6%</td></tr>
<tr><td>上面层：平均值不小于设计值的－5%</td><td>上面层：设计值的－10%</td><td>—</td><td>—</td><td>上面层：设计值的－10%</td><td>上面层：设计值的－10%</td><td>上面层：设计值的－12%</td></tr>
<tr><td rowspan="2">合格值</td><td>总厚度：设计值的－10%</td><td>总厚度：设计值的－10%</td><td>总厚度：设计值的－10%</td><td>—</td><td>总厚度：设计值的－10%</td><td>总厚度：设计值的－10%</td><td>总厚度：设计值的－10%</td></tr>
<tr><td>上面层：设计值的－20%</td><td>上面层：设计值的－20%</td><td>上面层：设计值的－20%</td><td>—</td><td>上面层：设计值的－20%</td><td>上面层：设计值的－20%</td><td>上面层：设计值的－20%</td></tr>
<tr><td>7</td><td colspan="2">纵断高程（mm）</td><td>±15</td><td>±15</td><td colspan="2">—</td><td>±15</td><td>±15</td><td>±15</td></tr>
<tr><td rowspan="2">8</td><td rowspan="2">宽度（mm）</td><td>有侧石</td><td>±20</td><td>±20</td><td colspan="2" rowspan="2">不小于设计值</td><td>±20</td><td>±20</td><td>±20</td></tr>
<tr><td>无侧石</td><td>不小于设计值</td><td>不小于设计值</td><td>不小于设计值</td><td>不小于设计值</td><td>不小于设计值</td></tr>
</table>

续表 4-2

项次	指　　标	本　标　准	《公路工程质量检验评定标准 第一册 土建工程》（JTG F80/1—2004）	《高速公路大中修工程质量检验评定规范》（DB33/T 956—2015）		《高速公路大中修工程质量检验评定》（DB32/T 945—2006）	《高速公路养护工程质量检验评定标准》（DB13/T 1018—2009）	《公路大中修工程质量检验评定标准》（SZ-24—2006）
	检查项目	规定值或允许偏差		规定值或允许偏差		规定值或允许偏差		
				罩面	封层			
9	横 坡（%）	符合设计要求（偏差 0.3）	0.3	符合设计要求	—	±0.3	0.3	±0.4
10△	矿料级配	符合设计要求	—	—		—	—	—
11△	沥青含量	符合设计要求	—	—		—	—	—
12△	马歇尔稳定度	符合设计要求	—	—		—	—	—

沥青路面的压实度规定值与将实施的《公路工程质量检验评定标准　第一册　土建工程》（JTG F80/1—2017）的规定一致。调研了重庆市近几年已完成的高速公路养护工程，沥青路面的压实度基本满足要求，对于小面积的修补块，其压实度可降低1%来评价，但应做好与原路面四周的衔接和防渗水处理，搭接部位的渗水系数须满足要求。

本标准抗滑性的摩擦系数指标符合设计要求，重庆高速公路沥青路面设计要求摩擦系数一般为54μm，构造深度0.55mm，浙江省地方标准《高速公路大中修工程质量检验评定规范》（DB33/T 956—2015）规定的摩擦系数为46μm，构造深度0.54mm。摩擦系数的大小与测试时期有较大关系，路面经过一段时间的行车荷载作用后，其抗滑性能有所下降。公路养护工程项目一般是3km左右一段，半幅封闭交通施工，施工后立即开放交通，又封闭另一段施工。若摩擦系数采用横向力系数测试车测试，往往是在一个标段施工完或一条路施工完后进行，此时部分路段已开放交通较长时间，抗滑性能的验收值需根据实际情况确定。编写组对重庆高速公路养护项目沥青路面横向力系数进行的跟踪测试结果见表4-3。

表 4-3　重庆高速公路沥青路面横向力系数衰减情况分析

成渝高速公路沥青路面横向力系数衰减情况				
桩号	初始值	2 个月	3 个月	9 个月
K73 +000 ~ K74 +000	61.2	61.3（+0.1%）	56.1（−8.3%）	50.0（−18.3%）
K74 +000 ~ K75 +000	59.3	58.4（−1.5%）	57.4（−3.2%）	51.4（−13.3%）
K75 +000 ~ K76 +000	61.4	60.4（−1.6%）	59.4（−3.3%）	46.5（−24.3%）
K76 +000 ~ K77 +000	63.3	61.9（−2.2%）	60.5（−4.4%）	45.7（−27.8%）

续表 4-3

成渝高速公路沥青路面横向力系数衰减情况				
桩号	初始值	2 个月	3 个月	9 个月
K77 +000 ~ K78 +000	60.9	58.6（ -3.8%）	56.3（ -7.6%）	45.9（ -24.6%）
K78 +000 ~ K79 +000	65.0	62.5（ -3.8%）	60（ -7.7%）	52.0（ -20.0%）
K79 +000 ~ K80 +000	65.5	63.1（ -3.7%）	60.7（ -7.3%）	54.6（ -16.6%）
K80 +000 ~ K81 +000	60.6	58.6（ -3.3%）	56.6（ -6.6%）	51.9（ -14.3%）
K81 +000 ~ K82 +000	63.2	62.1（ -1.7%）	61.1（ -3.3%）	53.4（ -15.5%）
K82 +000 ~ K83 +000	66.5	63.6（ -4.4%）	60.7（ -8.7%）	52.3（ -21.4%）
K73 +000 ~ K83 +000 平均值	62.7	61.1（ -2.6%）	58.9（ -6.1%）	50.4（ -19.6%）
长万高速公路沥青路面横向力系数衰减情况				
桩号	初始值	1 个月	2 个月	
K1492 +000 ~ K1493 +000	—	62.5	61.5（ -1.7%）	
K1493 +000 ~ K1494 +000	—	60.8	60.5（ -0.5%）	
K1494 +000 ~ K1495 +000	—	64.7	56.0（ -13.4%）	
K1495 +000 ~ K1496 +000	—	61.2	57.8（ -5.6%）	
K1496 +000 ~ K1497 +000	—	64.5	60.3（ -6.5%）	
K1497 +000 ~ K1498 +000	—	66.6	55.4（ -16.8%）	
K1498 +000 ~ K1499 +000	—	65.6	55.6（ -15.2%）	
K1499 +000 ~ K1500 +000	—	66.5	55.8（ -16.1%）	
K1500 +000 ~ K1501 +000	—	63.7	54.0（ -15.2%）	
K1501 +000 ~ K1502 +000	—	65.5	63.5（ -3.1%）	
K1492 +000 ~ K1502 +000 平均值	—	64.2	58.0（ -9.5%） *	
綦万高速公路沥青路面横向力系数衰减情况				
桩号	初始值	2 个月	3 个月	9 个月
K16 +000 ~ K17 +000	71.9	67.0（ -6.8%）	62.7（ -12.8%）	54.6（ -24.1%）
K17 +000 ~ K18 +000	67.4	64.8（ -3.9%）	59.9（ -11.1%）	51.9（ -23.0%）
K18 +000 ~ K19 +000	69.1	63.2（ -8.5%）	59.9（ -13.3%）	53.4（ -22.7%）
K19 +000 ~ K20 +000	67.7	63.0（ -6.9%）	58.9（ -13.0%）	52.3（ -22.7%）
K20 +000 ~ K21 +000	70.4	64.1（ -8.9%）	57.4（ -18.5%）	53.8（ -23.6%）
K21 +000 ~ K22 +000	69.2	65.0（ -6.1%）	59.9（ -13.4%）	51.2（ -26.0%）
K22 +000 ~ K23 +000	63.9	62.3（ -2.5%）	57（ -10.8%）	48.9（ -23.5%）
K23 +000 ~ K24 +000	62.4	59.1（ -5.3%）	55.9（ -10.4%）	54.3（ -13.0%）
K24 +000 ~ K25 +000	68.6	62.6（ -8.7%）	59.8（ -12.8%）	52.3（ -23.8%）
K25 +000 ~ K26 +000	65.7	60.6（ -7.8%）	60.7（ -7.6%）	52.2（ -20.5%）
K16 +000 ~ K26 +000 平均值	67.6	63.2（ -6.5%）	59.2（ -12.4%）	52.4（ -22.5%）

注：带 * 的衰减百分比以第一个月横向力参数为参照值计算得到。

本标准根据编制组实际测试的重庆几条高速公路养护项目沥青路面开放交通后不同时间的横向力系数值，确定验收时横向力系数界限值为50μm，比设计新建的沥青路面低4μm，比浙江省地方标准的46μm高4μm，符合重庆的实际情况。

渗水系数与重庆市交通行业标准《重庆高速公路沥青路面技术规范》（CQJTG/T A01—2015）的规定一致，比其他省的要求高，重庆高速公路沥青路面多年的施工经验表明，其渗水系数可以控制到要求的水平。重庆市潮湿多雨地区，沥青路面水损坏较多，故养护工程的渗水系数要求比其他省市严格。

对于沥青路面铺层厚度的评定指标，编写组对重庆多条高速公路养护工程进行了调查分析，结果表明在高温多雨的环境下，沥青路面出现的病害以车辙、裂缝等为主。加铺层施工前对旧路面病害进行处治，经过修复后的裂缝类病害不会对加铺层厚度造成影响，而车辙病害的处治方法中，除开全路段铣刨不会对平整度产生影响外，其他方式的维修均会使旧路形成各种凹凸不平的表面。以不平整的表面作为底面进行加铺层的铺筑会对其厚度变异性造成较大的影响。

而现行高速公路路面厚度验收标准体系中规定以路段厚度代表值对评定路段进行评价。调查研究发现，在重庆地区车辙病害严重的路段，加铺层厚度平均值远大于设计值，厚度代表值由于标准差较大而偏小，其厚度代表值常不满足规范规定。通过运用数理统计中卡法检验法、K-S检验法和偏锋度检验法，对所搜集的养护加铺工程和新建路面工程的路面厚度数据进行了分析，得到的结论是，调研的高速公路养护路面加铺工程中，面层厚度值大小基本符合正态分布或对数正态分布，说明面层施工质量得到了良好的控制。在同一条公路的加铺层施工中，由于旧路面车辙的存在，加铺路面的上、下面层的变异性差值可达3～4倍；上面层厚度变异性较低，其值处于《公路工程结构可靠度设计统一标准》（GB/T 50283—1999）规定的变异性范围内；面层总厚度变异性偏大，超出上述规范的规定范围。沥青路面双层加铺的上面层厚度变异性和新建路面厚度变异性大致相同。通过数据分析，加铺层厚度验收可以根据其变异性差异进行，若对现行评定标准中的标准差S进行修正，修正系数A为0.5，即标准差S乘以0.5的系数，修正后可采用代表值进行评价。在其他路用性能指标满足规范的前提下，对同一条高速公路采用厚度平均值和合格率对加铺层厚度进行评定，其平均值大小与单点合格率大多可以满足设计文件或标准、规范要求。在单点合格率符合设计文件要求时，采用平均值和单点极值作为加铺层厚度验收指标是可行的。

本标准在综合调研和理论分析的基础上，也参考了浙江省地方标准，将厚度作为关键项目，合格率不小于95%，提出了沥青路面厚度采用平均值和单点合格值双控指标进行评定，总厚度平均值不小于设计值，单点厚度不小于设计值-10%；上面层厚度平均值不小于设计值-5%，单点厚度不小于设计值-20%。若沥青路面只在原路面上加铺一层，则按上面层的规定进行评定。

实测项目中的矿料级配、沥青含量、马歇尔稳定度三个指标是参照将实施的《公路工程质量检验评定标准　第一册　土建工程》（JTG F80/1—2017）确定的，而在《公路工程质量检验评定标准　第一册　土建工程》（JTG F80/1—2004）中是将这三个指标放在基本要求中，按关键项目的合格率要求。沥青含量、级配和稳定度对沥青路面的高温稳定性、耐久性影响较大，作为关键项目要求合格率为95%。

4.3.3 外观质量

沥青路面表面均匀性是施工的难点之一，关系到路面的使用质量、使用寿命和整体美观。沥青面层接茬或面层与路缘石及其他构筑物应接顺，以免造成路面不平、裂缝和积水现象。

4.4 微表处和稀浆封层

4.4.1 基本要求

（1）稀浆封层一般采用乳化沥青或改性乳化沥青，微表处用改性乳化沥青，其性能应符合《公路沥青路面施工技术规范》（JTG F40）的有关规定。乳化沥青和改性乳化沥青是封层质量的基本保证，其质量直接影响混合料的性能及使用寿命。集料的耐磨耗性和洁净程度是稀浆封层及微表处成功与否的关键之一，稀浆封层和微表处采用的集料应坚硬、粗糙、耐磨、干净，集料和矿物填料的各项指标应符合《公路沥青路面施工技术规范》（JTG F40）的相关要求。

（2）加强施工过程质量控制，从抓质量检验入手，注意摊铺的均匀性和开放交通时机。微表处和稀浆封层铺筑后，应待乳液破乳、水分蒸发、干燥成型后方可开放交通。稀浆封层、微表处铺筑后养护时间视稀浆混合料中水的驱除及黏结力的大小而变化，通常认为当黏结力达到2.0N/m^2时，稀浆混合料已凝固到可以开放交通的状态。采用改性沥青稀浆混合料的养护时间一般可比乳化沥青稀浆混合料大大缩短。

4.4.2 实测项目

本条对微表处和稀浆封层的实测项目、检查项目的规定值或允许偏差、检查方法和频率做了规定，与行业标准和地方标准的比较见表4-4。

表4-4 “微表处和稀浆封层实测项目”本标准与国内现行技术标准差异对比

项次	指标	本标准	《湖南省高速公路养护工程质量检验评定实施细则》（HNGSYH 011—2013）	《高速公路大中修工程质量检验评定规范》（DB33/T 956—2015）	《高速公路大中修工程质量检验评定》（DB32/T 945—2006）	高速公路养护工程质量检验评定标准》（DB13/T 1018—2009）	《公路大中修工程质量检验评定标准》（SZ-24—2006）
	检查项目	规定值或允许偏差					
1△	平均厚度 H（mm）	-10%H	-10%	设计值的-10%	±1	-10%H	-10%H
2	纵向接缝高差（mm）	≤6	接缝宽度<80mm；平整度<6mm	—	—	—	—

续表 4-4

<table>
<tr><td rowspan="2">项次</td><td colspan="2">指　　标</td><td>本　标　准</td><td>《湖南省高速公路养护工程质量检验评定实施细则》（HNGSYH 011—2013）</td><td colspan="2">《高速公路大中修工程质量检验评定规范》（DB33/T 956—2015）</td><td>《高速公路大中修工程质量检验评定》（DB32/T 945—2006）</td><td>高速公路养护工程质量检验评定标准》（DB13/T 1018—2009）</td><td>《公路大中修工程质量检验评定标准》（SZ-24—2006）</td></tr>
<tr><td colspan="2">检查项目</td><td colspan="7">规定值或允许偏差</td></tr>
<tr><td rowspan="2">3</td><td rowspan="2">抗滑性能</td><td>摩擦系数</td><td rowspan="2">符合设计要求</td><td rowspan="2">摆值 BPN≥45，横向力系数≥54，构造深度 TD≥0.60</td><td colspan="2" rowspan="2">符合设计要求</td><td rowspan="2">符合设计要求</td><td>—</td><td>符合设计要求</td></tr>
<tr><td>构造深度（mm）</td><td>符合设计要求</td><td>—</td></tr>
<tr><td rowspan="3">4</td><td rowspan="3">平整度</td><td>σ（mm）</td><td>≤3.0</td><td rowspan="3">任意 30m 长度范围内的水平波动不得超过 ±50mm</td><td colspan="2">4.5</td><td>1.2</td><td>—</td><td>≤σ_0 且≤2.5</td></tr>
<tr><td>IRI（m/km）</td><td>≤4.5</td><td colspan="2">7.5</td><td>2.0</td><td>—</td><td>≤IRI_0 且≤4.2</td></tr>
<tr><td>h（mm）</td><td>≤5</td><td colspan="2">10</td><td>3</td><td>—</td><td>≤h_0 且≤5</td></tr>
<tr><td>5</td><td colspan="2">渗水系数（mL/min）</td><td>≤10</td><td>≤10</td><td colspan="2">不大于设计值</td><td>不大于设计值</td><td>不大于设计值</td><td>≤10</td></tr>
<tr><td rowspan="2">6</td><td colspan="2" rowspan="2">宽度（mm）</td><td rowspan="2">±50</td><td rowspan="2">大于设计宽度</td><td>有侧石</td><td>±30</td><td>±20</td><td>±20</td><td>±30</td></tr>
<tr><td>无侧石</td><td>不小于设计值</td><td>不小于设计值</td><td>不小于设计值</td><td>不小于设计值</td></tr>
</table>

大多数指标的要求与现行交通行业标准和地方标准一致。稀浆封层和微表处的平整度很大程度上取决于原路面的平整度。一般来说，微表处和稀浆封层对凹陷型的路面不平整有修复效果，但对于隆起型的不平整（如壅包等）则没有明显作用。微表处和稀浆封层后的路面平整度应好于原路面平整度，如果不满足，则反映出施工质量可能存在问题。平整度指标要求比浙江省地方标准《高速公路大中修工程质量检验评定规范》（DB33/T 956—2015）的规定严格，比江苏省地方标准《高速公路大中修工程质量检验评定》（DB32/T 945—2006）的规定宽松，也符合重庆的实际情况。

4.5　雾封层和还原剂封层

4.5.2　实测项目

本标准增加了封层施工宽度指标，渗水系数要求比湖南省地方标准高，但渗透深度比其低。与《湖南省高速公路养护工程质量检验评定实施细则》（HNGSYH 011—2013）的比较见表 4-5。

表4-5 “雾封层和还原剂封层实测项目”本标准与国内现行技术标准差异对比

项次	指标		本标准	《湖南省高速公路养护工程质量检验评定实施细则》（HNGSYH 011—2013）
	检查项目		规定值或允许偏差	
1△	抗滑性能	BPN	≥58	≥45
		SFC	≥54	≥54
		TD（mm）	≥0.55	≥0.6
2△	渗水系数（mL/min）		≤10	≤60
3	宽度（mm）		±30	—
4	渗透深度（mm）		≥5	≥10

4.6 沥青路面超薄磨耗层

4.6.1 基本要求

（1）超薄磨耗层厚度一般为15～25mm。其作用主要是增加路面的表面功能，提高抗滑性能等。对路面的原有裂缝、车辙等病害起不到修复作用，在进行超薄磨耗层施工前，先要对原路面病害进行处治，合格后方可进行该层施工，否则达不到预期效果。

（3）施工超薄磨耗层前，需要在原路面表层洒布高黏度的改性乳化沥青以增强层间黏结。

4.6.2 实测项目

本标准增加了超薄磨耗层与下层的黏结强度指标，增加了自动测平整度的检测方法。与《湖南省高速公路养护工程质量检验评定实施细则》（HNGSYH 011—2013）的比较见表4-6。

表4-6 “沥青路面超薄磨耗层实测项目”本标准与国内现行技术标准差异对比

项次	指标		本标准	《湖南省高速公路养护工程质量检验评定实施细则》（HNGSYH 011—2013）
	检查项目		规定值或允许偏差	规定值或允许偏差
1	现场空隙率（%）		符合设计要求	≤15
2	平整度	σ（mm）	≤1.3	—
		IRI（m/km）	≤2.2	
		h（mm）	≤3.0（5.0）	3.0
3	渗水系数（mL/min）		符合设计要求	≤500
4	构造深度（mm）		≥1.0	≥1.0
5	厚度（mm）		±2.0	±2.0

续表 4-6

项次	指标	本标准	《湖南省高速公路养护工程质量检验评定实施细则》(HNGSYH 011—2013)
	检查项目	规定值或允许偏差	规定值或允许偏差
6	宽度(mm)	不小于设计值	不小于设计值
7	横坡(%)	±0.3	±0.3

4.7 沥青路面就地热再生

4.7.1 基本要求

(1) 本条文对原路面的技术要求作了限定。原路面病害应主要集中在表面层，原路面回收旧沥青25℃针入度不低于20 (0.1mm)。沥青路面就地热再生是一种预防性养护技术，可以修复的路面病害是有限的，且再生不会对路面结构强度起到明显的改善作用。选择适宜的路面，是保证就地热再生工程质量的前提条件。

(4) 施工过程中应严格控制温度。路面加热温度过低，路面铣刨过程会对原路面石料产生较大的破碎效应，再生剂不能有效对原路面沥青进行分散和溶解，再生混合料的摊铺、压实也会出现困难；加热温度过高，会加速沥青材料的老化。

4.8 厂拌冷再生基层

4.8.2 无机结合料稳定厂拌冷再生基层

2) 实测项目

冷再生基层分为就地冷再生基层和厂拌冷再生基层，本标准未考虑就地冷再生基层的质量检验评定，因就地冷再生拌和质量不及厂拌冷再生拌和均匀，摊铺方式不同，平整度和厚度较难控制。

4.9 水泥混凝土基层

4.9.1 基本要求

(3) 水泥混凝土基层的上表面应采取均匀拉毛等措施，以使基层和面层之间保持较好的黏结性。

4.9.2 实测项目

修补的混凝土基层与原基层高差，与河北省地方标准《高速公路养护工程质量检验评定标准》(DB13/T 1018—2009) 和上海市地方标准《公路大中修工程质量检验评定标准》(SZ-24—2006) 规定一致。

4.9.3 外观质量

（2）水泥混凝土表面未均匀拉毛，其与上层的黏结力将受到影响，故规定未均匀拉毛的面积超过总面积的5%时须整改，直至符合要求。

4.10 沥青混合料基层

沥青混合料基层的厚度评定方法与沥青混凝土面层采用的方法一致，原因类似。厚度采用均值和合格值控制，要求均值不小于设计值，合格值的允许偏差 -15mm 与浙江省地方标准要求一致。

4.15 水泥混凝土路面板底注浆

4.15.1 基本要求

水泥混凝土路面板底注浆结束后是较难检测其注浆效果的，因此加强过程控制和监测是关键。材料是基础，完整的施工记录是过程控制手段，注浆后的混凝土板下无空腔是目的。

4.15.2 实测项目

项次2：压浆区空腔密实程度，通过钻孔取样的芯样完整程度或折断面吻合程度来判别。完整的芯样是指整个芯样包括面层、固化的注浆层、基层；折断面吻合且面层的下面黏结有明显的固化注浆层时，视为合格。

项次3：本标准对压浆板施工后高程作了规定，主要是控制水泥混凝土板下量。

5 桥梁养护工程

5.1 一般规定

5.1.1 本条明确特大及大中小桥梁的单位工程划分原则。每座独立大中桥及分离式立交中的大中桥为一个单位工程，路基工程中的小桥、人行天桥为分部工程，互通立交中的桥梁为互通立交单位工程的分部工程，特大桥的单位工程、分部工程的划分可根据标段、构造部位、结构类型等具体情况确定。对复杂工程如互通立交中的桥梁可设立子分部工程，以便于评定。

对桥梁进行工程划分，不应包括实体工程中的临时构（部）件，如模板、支架、拱架、顶推台座、导梁、转动设施、猫道等施工应用设施，其质量标准应根据施工技术规范和设计要求予以控制，确保实体工程质量。

5.1.2 桥梁承载能力指所能承受荷载作用大小的能力，是评价桥梁质量的一个重要参数。对梁体加固、下部构造加固、斜拉索换索等涉及结构体系加固的工程，在维修前和维修后应分别评定桥梁的实际承载能力，要求维修后桥梁的承载能力提升至设计目标，若维修后桥梁的实际承载能力未提升至预定目标，应整改，不予验收。

5.1.4 桥下净空是为满足桥下通航（行车、行人）的需要，对上部结构底缘以下规定的空间限界。道路行车、航道通行、行人等需要一定的净空高度，维修后桥下净空若降低，将影响车辆或船的正常通行，严重时将引起交通安全事故，故要求维修后桥下净空不得小于相关设计文件要求。

5.2 桥面铺装

5.2.1 基本要求

（6）桥面泄水孔的进水口应略低于桥面面层，以利排除桥面和防止渗水。

5.2.2 实测项目

本条对桥面铺装的实测项目、检查项目的规定值或允许偏差、检查方法和频率做了规定，与行业标准和地方标准的比较见表5-1。大多数指标的要求与现行交通行业标准和地方标准一致。

表 5-1 “桥面铺装技术要求”本标准与国内现行规范或标准的差异对比

项次	指标		本标准			《公路工程质量检验评定标准 第一册 土建工程》（JTG F80/1—2004）		《湖南省高速公路养护工程质量检验评定实施细则》（HNGSYH 011—2013）	《高速公路大中修工程质量检验评定规范》（DB33/T 956—2015）		《高速公路大中修工程质量检验评定》（DB32/T 945—2006）	《高速公路养护工程质量检验评定标准》（DB13/T 1018—2009）		《公路大中修工程质量检验评定标准》（SZ-24—2006）
	检查项目		规定值或允许偏差											
1△	强度或压实度		在合格标准内			在合格标准内		在合格标准内	符合设计要求		在合格标准内	在合格标准内		在合格标准内
2△	厚度（mm）		+10，-5			+10，-5		+10，-5	+10，-5		+10，-5	+10，-5		+10，-5
3△	平整度（mm）		水泥混凝土	沥青混凝土 单层	沥青混凝土 多层	沥青混凝土	水泥混凝土	—	沥青混凝土	水泥混凝土	—	沥青混凝土	水泥混凝土	—
		IRI（m/km）	3.0	2.2	2.0	2.5	3.0	—	2.5	3.0	—	2.5	3.0	2.8
		σ（mm）	1.8	1.3	1.2	1.5	1.8	—	1.5	1.8	—	1.5	1.8	1.6
		h（mm）	≤5.0			—		≤3	—		3	—		3
4	横坡（%）	水泥混凝土	±0.15			±0.15		±0.15	±0.15		±0.2	±0.15		±0.2
		沥青混凝土	±0.3			±0.3		—	±0.3		±0.4	±0.3		±0.4
5	抗滑性能	摩擦系数	符合设计要求			—		—	—		—	—		—
		构造深度				符合设计要求		符合设计要求	符合设计要求		符合设计要求	符合设计要求		符合设计要求
6	渗水系数（mL/mim）		≤80			—		—	—		—	—		—

项次 1 中的“强度”是水泥混凝土桥面铺装要求的检测项目，按附录 D 检查；“压实度”是沥青混凝土桥面铺装要求的检测项目，按附录 B 检查。

平整度不仅关系到桥面的质量，而且也反映行车的舒适度。本条增添了对“平整度最大间隙 h”的技术要求，旧桥面养护改造工程，当施工段落段，工程量较小时，采用连续式平整度仪或其他自动检测设备测试平整度的方法不合适，本标准提出采用 3m 直尺对最大间隙率进行检测。旧桥面施工平整度控制比新桥面的难度大些，结合重庆市已完成的桥梁养护工程的施工实际情况、短段落路面平整度要求和桥面铺装平整度实测值确定平整度合格指标，平整度最大间隙界限值适当放宽，现确定为 5mm。

5.3 钢筋和预应力筋的加工、安装及张拉

5.3.1 钢筋加工及安装

本部分适用于非预应力钢筋加工及安装，预应力钢筋加工及安装的质量检验评定应符合现行《公路工程质量检验评定标准　第一册　土建工程》（JTG F80/1）的有关规定。

1）基本要求

（4）规定钢筋安装时应保证设计要求的钢筋根数，是为了避免因钢筋间距全部为上偏差时而使钢筋根数减少。

（6）根据在用桥梁的保护层厚度调查，合格率大多数在60%～70%，偏薄者居多，其原因之一就是保护层垫块的数量不足。在此强调钢筋混凝土施工时钢筋保护层垫块的分布情况和数量与性能要求，垫块数量少导致钢筋变形，使保护层厚度不合格。

2）实测项目

对于受力钢筋间距的规定，当受植入钢筋位置限制时，连接钢筋间距允许偏差值可在规定值的基础上适当放宽，但最大不超过植筋构件原钢筋直径的2倍。

5.3.2 预应力钢筋的加工和张拉

1）基本要求

（5）预应力张拉是指在构件中提前加拉力，使得被施加预应力张拉构件承受拉应力，进而使得其产生一定的形变，来应对钢结构本身所受到的荷载。一般张拉用到钢绞线、千斤顶、锚板、夹片。在工程结构构件承受外荷载之前，对受拉模块中的钢绞线施加预压应力，提高构件的抗弯能力和刚度，推迟裂缝出现的时间，增加构件的耐久性。

混凝土强度对结构构件的后期影响大，混凝土强度与弹性模量非同步增长，要求张拉时混凝土强度和龄期同时符合设计文件要求。

张拉顺序影响张拉的效果，且不同构件的张拉方法不完全相同，设计是针对每项具体工程提出的要求。

5.4 支座更换

5.4.1 基本要求

（2）支座的支承面一般采用混凝土，支承面混凝土强度影响整体承载能力。若支承面混凝土强度不符合设计文件要求，需重新加固支承面；若原支承面混凝土强度符合设计文件要求时，应清理干净，如有破损应予修补平整后安装新支座，保证更换后的支座和支承面密贴、稳定。

（4）支座调整原则为：支座（或支座底板）在垫石上的安装位置应以满足垫石不被压崩为原则，支座（或支座顶板）边缘不应超出梁底预埋钢板边缘。顺桥向，对于

滑动支座要保证纵轴线相互平行且与梁轴线平行，同排支座应满足允许滑移量大于极端温度下的实际滑移量（可不必要求同排支座中心在一条直线上）；横桥向，轴线滑动方向应与径向断面方向平行。

（5）支座是桥梁的可换部件，尤其是橡胶支座，因材料老化其使用寿命远比混凝土、钢材短，除了发现故障及时更换外，应定期更换，保证其正常使用。更换支座时，需用千斤顶顶起梁（板），先使旧支座脱空，然后进行更换作业，最后再落梁就位。千斤顶的支顶位置应尽可能接近原支座，宜在横桥向沿原支座的两侧架顶。起顶和落顶宜各点同步，也可用小位移量逐次交叉顶升或降落。连续梁等超静定结构更换支座，应进行检验计算和施工组织设计，避免在更换支座过程中产生过大的附加内力。

5.4.2 实测项目

本标准取消了对“支座高程”的技术要求，主要原因是安装支座时可以采用微调，在实际操作中一般主要控制四角高差，不再检查支座高程。对于支座更换施工，梁体下落就位前即使支座四角高差满足指标要求，梁体就位后支座仍然可能处于受力不良状态。要确保更换的支座受力良好，一是落梁前，支座下支承面（垫石顶面）水平度符合要求；二是落梁后，支座上支承面水平度（即落梁后支座四角高差）符合要求。梁体就位后支座四角高差，可采用卡尺量测支座四角厚度差来检查，还可判断上下支承面是否平行。

5.5 伸缩装置更换

5.5.2 实测项目

本标准伸缩装置更换实测项目为六项，因伸缩装置平整度从行车舒适度、安全性和车辆运营经济性等方面直接影响到了桥面行驶质量和服务水平，与《湖南省高速公路养护工程质量检验评定实施细则》（HNGSYH 011—2013）和河北省地方标准《高速公路养护工程质量检验评定标准》（DB13/T 1018—2009）相比，本标准增加了纵向平整度的技术要求；同时取消了纵坡的技术要求，纵坡主要是针对新建桥梁规定的，养护工程更换伸缩装置，基本不会改变原桥面纵坡，故本标准未对纵坡作技术要求。

5.5.3 外观质量

（1）伸缩装置内若有积土、垃圾等杂物，使其不能达到正常伸缩的目的；渗漏、变形和开裂也影响其使用功能。

5.6 裂缝处理

裂缝修补的具体方法有喷涂法、粘贴法、充填法和灌浆法。

喷涂法：适用于宽度大于0.3mm的表层裂缝修补；表面喷涂材料可选用环氧树脂类、聚酯树脂类、聚氨酯类、改性沥青类等涂料。

粘贴法：分表面粘贴法和开槽粘贴法两种，前者适用于宽度小于0.3mm的表层裂缝修补，后者适用于宽度大于0.3mm的表层裂缝修补；粘贴材料可选用橡胶片材、聚氯乙烯片材等。

充填法：适用于宽度大于0.3mm的表层裂缝修补；充填材料应根据裂缝的类型进行选择，对死缝可选用水泥砂浆、聚合物水泥砂浆、树脂砂浆等，对活缝应选用弹性树脂砂浆和弹性嵌缝砂浆等。

灌浆法：适用于深层裂缝和贯穿裂缝的修补；灌浆材料应根据裂缝的类型选择，死缝可选用水泥浆材、环氧浆材、高强水溶性聚氨酯浆材等，活缝可选用弹性聚氨酯浆材等。

在实际裂缝修补项目中，先判断裂缝的类型和状况，再选择适合的修补方法。

5.6.1 压力灌注法修补裂缝

2）实测项目

目前对裂缝修补的技术要求较少，且不统一。江苏省地方标准《高速公路大中修工程质量检验评定》（DB32/T 945—2006）对裂缝处理技术要求进行了规定，检查“灌浆压力”“灌浆温度”两个指标。本标准将裂缝修补的胶浆液、灌浆压力等要求放到基本要求中，参照《公路桥梁加固设计规范》（JTG/T J22—2008）的规定，检验评定时只要求检查浆液的强度和灌注质量。灌注质量要求来自《公路桥梁加固施工技术规范》（JTG/T J23—2008）中的第5.3.2条。

5.6.2 表面封闭法修补裂缝

2）实测项目

裂缝缝口表面处理，应使工作面平顺、干燥、无油污，保证胶液的黏结性能。处理范围沿裂缝走向宽30～50mm，采用表面封闭法处理裂缝时，应在缝口表面处理后，用裂缝修补材料涂刷或用改性环氧胶泥适当加压刮抹。国内现行技术标准或规范未对“表面封闭法修补裂缝”提出技术要求。本标准根据当前工程混凝土裂缝实际修补情况，发现胶液性能、封闭胶宽度和封闭胶厚度三个指标对表面封闭法修补裂缝的效果影响较大，故要求评定时检测该项目，并作为关键控制指标。

5.7 混凝土表层缺陷修复

混凝土表层缺陷修复适用于混凝土桥梁构件表面蜂窝、空洞以及较大范围破损等缺陷修复施工质量检验评定。

5.7.1 混凝土、砂浆修复

1）基本要求

（1）混凝土表面缺陷修复材料可采用混凝土、水泥砂浆、聚合物水泥砂浆、改性环氧混凝土（砂浆）等，修补用材料的强度和其他质量指标应不低于原桥材料，修补用混凝土强度等级可比原强度提高一级。

3）外观质量

桥梁混凝土缺陷修补后，表面应平整，无裂缝、脱层、起鼓、脱落等，修补范围色泽应均匀，外表美观，行车舒适。

5.7.3 钢筋防锈蚀处理

1）基本要求

（2）钢筋锈蚀后会对混凝土结构的强度安全与耐久性产生危害，主要是由于钢筋锈蚀后其屈服强度下降、混凝土构件截面的损伤，以及钢筋与混凝土之间握裹力下降。同时钢筋锈蚀后体积膨胀，引起混凝土开裂破坏。

5.8 梁体顶升

5.8.1 基本要求

（4）在梁体整体顶升时，由于顶升速度不一致而产生的梁体间内部应力的相互作用十分复杂。根据工程经验，顶升时每片梁间的最大提升高差控制在1mm以内时，可以保证梁体及桥面连续的结构安全。

5.8.2 实测项目

湖南、浙江、江苏、河北、上海的地方标准均对梁体顶升的支撑构件混凝土强度、顶升高程、支撑构件尺寸提出了具体技术要求。本标准将顶升支撑构件强度、支撑构件尺寸等放入基本要求。实测项目只有中线偏位和顶升后梁体高程两项，能保证验收质量。

5.9 梁体复位

5.9.2 实测项目

梁体复位前应对梁体、墩柱进行测量，通过检测复位平面位置、复位桥跨与相接部位中心线的衔接、与相邻路面高差，确定复位最终位置及复位量。复位平面位置验收时根据项目管理单位、设计单位、监理单位、施工单位现场确定的位置进行比较，技术指标要求参照将实施的《公路工程质量检验评定标准　第一册　土建工程》（JTG F80/1—2017）中对复位平面位置、复位桥跨与相接部位中心线的衔接、与相邻路面高差的技术要求。

5.12 粘贴纤维复合材料加固

5.12.1 基本要求

（1）用于加固混凝土结构的纤维材料目前主要有3种：特种玻璃纤维（GFRP）、碳纤维（CFRP）和芳纶纤维（AFRP），其中最常用的是碳纤维。由于碳纤维材料具有高强、轻质、耐腐蚀、耐疲劳等优良的物理，力学性能，以及现场施工便捷，因此是旧桥加固补强的理想材料。目前常用的碳纤维片材有碳纤维薄板和碳纤维布。

碳纤维强度较高，在提高结构受弯承载力的同时还会影响受弯结构的破坏形态，由塑性破坏变为脆性破坏，同时影响结构的延性。碳纤维材料应根据构件相应极限状态时所达到的应变，按线弹性应力—应变关系确定其极限状态时的应力。进行受弯加固的构件，应避免因受弯承载力提高过大而导致受剪破坏先于受弯破坏。

5.12.2 实测项目

与其他省的地方标准相比，本标准增加了正拉黏结强度，因正拉黏结强度是表征纤维粘贴质量的重要指标，也可以采取合适的方法检测其指标。同时，胶黏剂厚度的允许偏差要求比其他省的地方标准要求严格，调研表明重庆的桥梁采用粘贴纤维复合材料加固技术较好，胶黏剂厚度控制精准，故提高要求，有利于质量保证。

5.14 植筋

5.14.1 基本要求

（1）在植筋施工前，应对所用钢筋及植筋胶进行现场拉拔试验，以确定钢筋及植筋胶是否符合设计要求。

（5）植筋的施工流程为弹线定位→钻孔→洗孔→钢筋处理→注胶→植筋→固化养护→抗拔试验→绑钢筋浇筑混凝土。首先将配置好的结构胶注入孔内（宜为孔深的1/3或计算孔内的用胶量，应扣除钢筋体积），并将结构胶涂于钢筋锚固端（宜2～3mm），然后缓慢将钢筋插入孔内，同时要求钢筋旋转，使结构胶从孔口溢出，排出孔内空气，钢筋外露部分长度满足工程需要。

5.15 斜拉索调整更换

5.15.1 基本要求

（1）斜拉索截面较小，处于高应力状态，对腐蚀作用十分敏感。选用的拉索应为专业厂生产，这样质量更稳定。

（3）斜拉桥是高次超静定结构，调整或更换斜拉索，是斜拉桥维修的一种特有形式。在使用期调整索力可消除桥面不均匀变形及调整主梁内力，通过索力调整可使结构处于正常使用状态。应通过特殊检查、验算来确定是否需要调索、换索，调索、换索的方案以及调索、换索的施工程序。更换斜拉索技术较复杂，在研究方案时应对结构的安全性、耐久性、经济性、施工期间的交通组织等进行综合分析比选。

5.16 吊杆更换

5.16.1 基本要求

（3）检验锚具在运输过程中是否有损伤，着重检查锚具的内外螺纹是否有损伤。成品吊杆索在出厂后，锚具的内螺纹内可能有一些沉积的环氧树脂，其固化后比较硬，应在挂索前清除，以免在挂索时发生问题。

在成品吊杆索的运输、起吊等各环节应加强对 HDPE 护套的保护，避免吊杆索的 HDPE 护套受损。成品吊杆索的两端锚具应做好防雨、防锈措施。存放场地应平整、开阔，易于运输和起吊工作的进行。检查预留孔内是否有残渣，如有应在安装前清除，保证吊杆索两头拉杆通过时不受损伤。

5.17 钢结构防腐

5.17.1 基本要求

（1）钢结构表面处理方法。用目测方法来检查工作面。工作的表面应无焊渣、脱皮、飞边等缺陷，锋利的边角被处理到入正半径 2mm 的圆角。表面无油脂、水等污染物。测试钢板盐分，钢板含氯盐成分不得大于 0.01%。打砂除锈。

漆膜的质量。用肉眼或 5 倍放大镜观察底漆、中间漆。要求漆面平整、均匀、细腻，漆膜无针孔、气泡、裂纹，无严重流挂、脱落、漏涂等缺陷，漆面颜色与色卡一样。若发现针孔、裂纹、脱落、漏涂时，必须重新修整或补涂，允许少量的轻微流挂存在，但主要大平面上不允许出现。

（2）漆膜厚度。用湿膜卡来检测每度湿膜厚度是否达到预定要求。每度漆膜厚度应达到设计规定要求，但也不能超过 20%。应每天或在不同膜厚时用磁性测厚仪或横杆测厚仪测量漆膜厚度，最后检查漆膜总厚度。

5.18 混凝土护栏和混凝土防撞墙

5.18.2 实测项目

与其他标准相比，本标准在混凝土防撞墙实测项目中增加了钢筋保护层厚度的评定要求，在调研中发现混凝土防撞墙的破坏多数是由于钢筋保护层厚度不足，钢筋锈蚀引起混凝土墙体开裂。

6 隧道养护工程

6.1 一般规定

6.1.3 对于运营状态下的高速公路隧道养护，由于有车辆通行，给行车和养护人员带来较多不安全因素。养护作业宜选择交通量较小时段进行，且应充分考虑交通组织的合理性，以及隧道内是否有 CO、烟雾、瓦斯等有害气体存在，影响养护作业人员的安全，同时应确保行车安全和隧道畅通。

6.2 衬砌背面压（注）浆

6.2.1 基本要求

（3）采用超声波或雷达等无损检测方法监测注浆效果，减少钻孔检查对结构的破坏，发现不密实处及时进行处理。

6.4 混凝土衬砌更换

6.4.1 基本要求

（1）防水混凝土的抗渗等级应符合设计文件要求。

（5）拱墙背后的空隙应回填密实，用地质雷达法检查。检查时沿隧道纵向分别在拱顶、两侧拱腰、两侧边墙连续测试 5 条测线，需钻孔验证。

严重超挖和塌方产生的空洞处理方案宜通过专家审查，由施工单位向监理、设计和项目管理单位报批后实施。

6.5 喷射混凝土支护

6.5.2 实测项目

检查喷射混凝土厚度常用凿孔法。凿孔检查法宜在混凝土喷好 8h 以内，用短钎或电钻将孔凿出。此时，混凝土强度较低，易于实行，发现厚度不足可及时补喷，施工管理也方便。用凿岩机钻孔时，若因混凝土与围岩黏结紧密，颜色相近而不易辨认喷层厚度时，可用酚酞试液涂抹孔壁，碱性混凝土即呈现红色。每 10m 检查 1 个断面，每个断面自拱顶每 3m 检查 1 点。凿孔法适于各级围岩条件下喷层厚度的检测。

支护（衬砌）背部与围岩之间存在空洞时，会导致围岩松弛，使支护结构产生弯曲应力，而损伤支护结构的功能，降低其承载能力，极大地影响隧道的安全使用。支护（衬砌）的内部和背后状态是隐蔽的，最常用的方法是地质雷达法。现场检测时将雷达的发射和接收天线密贴于喷层表面，雷达波通过天线进入混凝土衬砌中，遇到钢筋、钢拱架、材质有差别的混凝土、混凝土中间的不连续面、混凝土与空气的分界面、混凝土与岩石的分界面、岩石中的裂面等产生反射，接收天线接收到反射波，测出反射波的入射、反射双向走时，就可计算出反射波走过的路程长度，从而求出天线距反射面的距离 D。

采用地质雷达法检测喷层背部的回填密实度时，可沿隧道纵向分别在拱顶、两侧拱腰、两侧边墙连续测试5条测线，检测结果需钻孔验证。Ⅳ、Ⅴ、Ⅵ级围岩条件下，初期支护设有钢架，喷层相对较厚，利用地质雷达，喷层与围岩界面易于识别，因而，可利用地质雷达采集信息，判断喷层厚度。结果评定时，每20m检查1个断面，每个断面检查5点，作为评定值。而Ⅰ、Ⅱ、Ⅲ级围岩条件下，喷层较薄，地质雷达难以识别喷层与围岩界面，且地质雷达检测对施工干扰大、技术要求高，宜采用钻孔法检测喷层厚度。

在实测项目中本标准比行业标准和其他地方标准增加了黏结强度指标，提出了黏结强度检方法和频率，可提高隧道支护工程养护质量。

7 交通安全设施养护工程

7.1 一般规定

7.1.2 道路交通标志、路面标线（包括涂料、玻璃珠）、波形梁钢护栏、缆索护栏、突起路标、轮廓标、防眩板（网）、隔离栅、防落网、中央分隔带开口护栏等，都是工厂加工的产品，在运抵工地之前，应保证这些产品的品质，需经有资质的检测机构检测合格；其次要保证运输环节没有受到损坏，即到达工地之后，要经工地上检验认可后方可使用。

7.2 交通标志

7.2.1 基本要求

（3）标志立柱、横梁及连接件的质量检验，除基本尺寸外，主要是检查焊接质量和镀锌质量。金属件的焊接质量和镀锌质量应仔细检查，不得有裂缝、未熔合、夹渣和未填满弧坑等缺陷。对于镀锌构件，首先应检查镀锌层厚度，然后检查镀层是否均匀，颜色是否一致，不允许锌层发黑，起白粉。不允许有流挂、滴瘤或多余结块。镀件表面应无漏镀、露铁等缺陷。

（5）同一块标志板上，标志底板和标志板面所采用的各种材料应具有相容性，不应因电化学作用、不同的热膨胀系数或其他化学反应等造成标志板的锈蚀或其他损坏。

7.2.2 实测项目

本标准与国内现行规范的交通标志实测项目差异对比见表 7-1。

在高速公路养护工程中，对交通标志一般的工程做法为提升，不涉及标志基础部分，故在交通标志实测项目中删除基础尺寸、基础混凝土强度检测项目，只在基本要求中作了基本规定；在基本要求中对标志板作了规定，故在实测项目中删除标志板外形尺寸、标志底板厚度、标志汉字数字拉丁字的字体及尺寸、标志金属构件镀层厚度检测项目；标志、立柱应安装牢固，基础混凝土强度应符合设计文件要求。本标准的实测项目只保留了 2 项。

表 7-1 "交通标志实测项目"本标准与国内现行技术规范的差异对比

项次	指标	本标准	《湖南省高速公路养护工程质量检验评定实施细则》（HNGSYH 011—2013）	《高速公路大中修工程质量检验评定规范》（DB33/T 956—2015）	《高速公路大中修工程质量检验评定》（DB32/T 945—2006）	《高速公路养护工程质量检验评定标准》（DB13/T 1018—2009）	《公路大中修工程质量检验评定标准》（SZ-24—2006）
	检查项目	规定值或允许偏差					
1△	标志面反光膜等级及逆反射系数（$cd \cdot lx^{-1} \cdot m^{-2}$）	反光膜等级符合设计；逆反射系数值不低于现行《道路交通反光膜》（GB/T 18833）的规定	反光膜符合设计等级	反光膜等级符合设计，逆反射系数值不低于《道路交通标志板及支撑件》（GB/T 23827）的规定	反光膜等级符合设计，逆反射系数值不低于《公路交通标志板》（JT/T 279—2004）的规定	反光膜等级符合设计，逆反射系数值不低于《公路交通标志板》（JT/T 279—2004）的规定	反光膜等级符合设计，逆反射系数值不低于《公路交通标志板》（JT/T 279）的规定
2	标志板下缘至路面净空高度（mm）	+100，0	+100，0	+100，0	+100，0	+100，0	+100，0
	标志板内侧距路肩边线距离（mm）	+100，0	+100，0	+100，0	+100，0	+100，0	±100
3	基础混凝土强度（MPa）	—	在合格标准内	不小于设计值	在合格标准内	在合格标准内	在合格标准内
4	立柱竖直度（mm/m）	—	±3	±3	±3	±3	±5
5	标志板安装角度	—	±3°	—	—	—	—
6	基础尺寸（mm）	—	-50，+100	-50，+100	-50，+100	-50，+100	+100，-50
7	标志汉字、数字、拉丁字的字体尺寸（mm）	—	应符合规定字体	应符合规定字体，基本字高不小于设计值	应符合规定字体，基本字高不小于设计值	应符合规定字体，基本字高不小于设计值	字体应符合规定，基本字高不小于设计值
8	标志板外形尺寸（mm）	—	±5	±5。当边长尺寸大于1.2m时允许偏差为边长的±0.5%；三角形内角应为60°±5°	±5。当边长尺寸大于1.2m时允许偏差为边长的±0.5%；三角形内角应为60°±5°	±5。当边长尺寸大于1.2m时允许偏差为边长的±0.5%；三角形内角应为60°±5°	±5或±0.5%
	标志板厚度（mm）	—	—	不小于设计值	不小于设计值	不小于设计值	不小于设计值
9	标志金属构件镀层厚度（μm）	—	标志柱、横梁≥78，紧固件≥50	标志柱、横梁≥78，紧固件≥50	标志柱、横梁≥78，紧固件≥50	标志柱、横梁≥78，紧固件≥50	标志柱、横梁≥78，紧固件≥50

7.3 路面标线

7.3.2 实测项目

与行业标准和其他省市地方标准相比，本标准保留了关键项目标线厚度和反光标线逆反射亮度系数，删除了标线线段长度、标线宽度、标线纵向间距、标线剥落面积检测项目，增加了新旧标线接头处检测项目。新旧标线接头检测项目是为了保证标线线形流畅，与高速公路线形相协调，曲线圆滑，不出现折线，对标线整体美观度、行车舒适度等有重要影响，故增加该检测项目。

7.4 波形梁钢护栏

7.4.1 基本要求

（1）目前高速公路上波形梁钢护栏作为护栏的主要形式被大量采用。由于生产厂商较多，在设计上存在一定的随意性，因此，对护栏材质、尺寸的要求应严格按现行《公路波形梁钢护栏》（JT/T 281）和《公路三波形梁钢护栏》（JT/T 457）的有关规定执行。

（2）波形梁钢护栏施工安装方面主要有立柱打入深度不够、连接螺栓孔位置偏移、防阻块扭弯、拼接螺栓孔对不上、基层压实度不够等质量问题，应按现行《公路交通安全设施设计规范》（JTG D81）及《公路交通安全设施施工技术规范》（JTG F71）的要求严加控制。

（5）现阶段高速公路路面养护工程常采用加铺路面厚度的方式，路面厚度增加，护栏立柱高度就不满足安全要求，常采用立柱加高的方式。而立柱一般采用外套筒加高处理，套筒应采用工厂预制以保证质量。螺栓连接时，应采用机械钻孔方式对原立柱现场开孔，开孔大小应符合设计文件要求。